50の実例で知る住宅トラブルのきっかけ

建て主たちのクレーム事典

日経ホームビルダー編

日経BP

はじめに

家づくりのプロにとって建て主のクレームから生じるトラブルは、単に相手との関係が悪化することだけにリスクの本質があるわけではありません。やり直しや追加要求への対応、それに伴う工期の遅延などプロジェクトの利益率を大きく低下させてしまったり、口コミなどを通じて他の潜在顧客に情報が伝わることで将来の受注率にも悪影響を及ぼしたりと、その影響が広範囲に及んでしまう例はよくあります。

本書は、家づくりのプロ向け実務情報誌「日経ホームビルダー」で長年連載を続けてきた人気コラム「クレームに学ぶ!」から50ケースを抽出して、トラブルのタイプ別に再編集した書籍です。いずれのケースも記者が、トラブルを経験したり、他者の相談に乗ったりしたプロに直接ヒアリングした実例ばかりです。プロ側が顧客対応で明らかに失敗した事例もありますが、なかには、プロ側に落ち度があるとは言い切れないケースも含まれています。これこそ家づくりにおけるクレームの実態なのです。だからこそ、トラブルのリスクを回避するためには、クレーム事例についてより幅広くアンテナを張っておくことが、プロにとっては欠かせません。

国が公表している新設住宅着工戸数は近年、減少の一途をたどっています。少子化の進行なども背景にあるので、今後、戸数減少のトレンドが劇的に改善することはまず期待できません。住宅産業で事業者間の競争はますます激しくなる一方、建て主側の選択眼もいよいよ厳しくなるでしょう。ささいに思えるクレームでも、大きなトラブルに発展すれば、プロにとっては事業経営を圧迫します。クレームの〝種〟を未然に潰しておくことは、大切な生き残り策でもあります。

本書を手に取っていただいた読者の中には、これから家を建てようと考えている一般の建て主の方もいらっしゃるかもしれません。クレームに端を発する家づくりのトラブルは、コスト上昇や工期遅延といったリスクを招くと先述しましたが、それは建て主にとっても避けたい事態のはずです。また完成後のメンテナンスを考えても、住まいのつくり手（プロ）との信頼関係にひびが入ることは、決して望ましい状況ではありません。プロと建て主との間にどのようなきっかけでトラブルが生じるのか、それを知っておくことは、プロだけでなく建て主にとっても重要ではないかと確信しています。

家づくりのプロと建て主それぞれの立場で、本書で紹介した多くのトラブル事例からリスク回避のポイントをつかんでいただければ幸いです。

日経ホームビルダー 編集長　下田健太郎

Contents

施工を巡るトラブル 057

建材・設備を巡るトラブル 081

Contents

途中変更を巡るトラブル

建て主支給や自主施工を巡るトラブル

Contents

「感覚」の違いを巡るトラブル 193

「住まい方」から生まれたトラブル 217

※本書に掲載した50事例で登場する具体的な団体・個人の名称・肩書き、法制度情報などは、日経ホームビルダー連載「クレームに学ぶ!」初出時の情報です(各事例の初出時点は238ページを参照)。

Claim File

Part 1

資金計画や契約内容を巡るトラブル

家づくりでは、建て主の資金計画に不測の変更が生じたり、契約内容の曖昧さから見解の相違が生まれたりして、プロ側とトラブルに発展するケースがある。プロ側は責任がなくても、“実害”を被ることもある。

01 長期優良の申請遅れ、誓約書でミスを認めろ

Aさんは住宅会社のB社に設計住宅性能評価付きの長期優良住宅を依頼し、仮契約を結んだ。しばらくするとB社の担当者が「住宅性能評価機関が混雑していて審査が長引いているので、着工日を遅らせてほしい」と連絡してきた。

Aさんは承諾し、B社から着工日を変更した本契約書が送られてきた。それを見てAさんは驚いた。本契約書に添付されていた住宅性能評価申請書の日付がつい数日前になっていて、長期優良住宅は申請がまだ行われていない状態だったからだ。

Aさんは担当者を呼び、「性能評価の手続きが遅れたのは担当者の作業が遅いからなのに、住宅性能評価機関が混雑していたと嘘をついたのはけしからん。着工日を元に戻せ」と訴えた。担当者は「申請作業がまだ残っているので着工日だけは変更させてほしい。引き渡し日は最初の予定を厳守する」とわびた。

怒りと不安が収まらないAさんは、消費者からの住宅相談に応じているNPO法人住環境健康情報ネットワーク（愛知県一宮市）に連絡。「B社に申請手続きでミスしたことを認めさせ、不良施工しないことと、工期を順守することを誓約させたいが可能か」と伝え、同法人が助言した。

Aさんは B社の担当者に、先の3項目を記した誓約書を提出するよう要求。後日、担当者と上司の営業所長が「誓約書だけは勘弁してほしい」と懇願し、相当の便宜を図ることでAさんに要求を取り下げてもらった。

住宅会社は代理申請者

性能評価住宅や長期優良住宅など、

あの……、
審査が長引いているので、
着工日を遅らせて
ください

申請手続きが面倒な住宅が増えている。初めての手続きだとどれくらい時間を要するか分からなかったり、予定より時間が掛かってしまったりすることがあるだろう。住環境健康情報ネットワーク理事長の中井義也さんは、「住宅会社は建て主の代理で申請しているのだから、全て報告して承認を得ながら進める必要がある。勝手に進めるから、手続きの遅れがクレームにつながる」と話す。

さらに、住宅会社が申請書類を事前に建て主に見せず、印鑑を代わりに押すことも、コンプライアンス（法令順守）の面から問題だと指摘する。「きちんと申請内容を説明し、進捗状況を報告していれば、手続きの大変さが伝わるので、遅れが生じても建て主の理解が得やすくなる」と中井さんは話す。

POINT

手間の掛かる代理申請は勝手にやらず、顧客に報告しながら進める

02 不動産会社が施工まで関与すると思ったのに

Aさん夫妻は、住宅会社B社の建売住宅の見学会に出掛けた。間取りが気に入らなかったこともあって迷っていると、不動産仲介会社C社の営業マンが「近くに更地も売り出されている」と説明。予算内で希望の間取りや設備を取り入れた住まいができると聞いたAさんは、「それなら」と注文住宅を建てる気になった。

C社を介してB社から土地を購入した後、Aさんは勧められるままC社とコンサルティング契約を結び、住宅プランの打ち合わせを重ねることに。そのうちにAさんは、C社に家を任せようと考えるようになった。契約時にC社はB社の担当者を連れてきたが、AさんはC社に伝えた要望がかなうのならとの思いで、B社と請負契約を結んだ。

その後、改めてB社との契約内容などを確認したところ、C社との間で決めたものとはあまりにも懸け離れたものにみえた。「だまされた」と感じたAさんはC社に抗議。B社に対しては、土地購入を含む全ての契約を白紙に戻すように求めるほどのトラブルに発展した。

引き継ぎ時の対応がカギ

不動産会社が間に入る場合、建て主からすると、不動産会社と住宅会社の役割分担が分かりにくい場合がある。取り上げた事例では、AさんはC社としか打ち合わせをしていなかったので、B社が設計・施工することを理解できていなかった。要望がB社の担当者に十分に伝わっていなかったことが判明して、さらに不信感が増したようだ。

「グループ会社などでも、住宅会社が不動産会社から業務を引き継ぐことはあるだろう。そのような場合はまず、建て主に両社の役割分担を説明して理

ここなら希望の
間取りができますよ

POINT

引き継ぎのまずさは致命傷に 役割分担を説明し、要望を確認する

解を得る。その上で今後の工程を提示し、仕様などの要望を丁寧に確認する努力が欠かせない」。住宅トラブルの相談に助言をするNPO法人住環境健康情報ネットワーク（愛知県一宮市）理事長の中井義也さんは、このように指摘する。

トラブルが長引いて工事が進められなくなった場合、その責任が住宅会社側にあると認められれば、遅延損害金を負担することになりかねない。自衛のためにも、引き継ぎに慎重な対応を心掛けたい。

一旦ストップしたAさんの家づくりは、3者での話し合いの末、B社の担当者が交代して再開することで決着したという

建材・設備の発注後に一方的に契約解除!?

自動車ローンやクレジットの支払いに追われ、手持ち資金に余裕がないAさん。そろそろ家が欲しいと考えていたものの、「住宅ローンは組めないだろう」と諦めかけていた。

そんなある日、住宅販売会社B社の営業マンが、「住宅ローンの審査が通るように手配することはできるので、心配しなくても大丈夫」と持ち掛けてきた。

Aさんは申し出を受け、B社の建売住宅を購入する契約を結び、手付金50万円を支払った。まだ完成していなかったことから、浴槽や壁紙の色などは好みのものを選んだ。

ところが、この話を聞いた両親は、「そんな無理をしてローンを組めば、後々返済に追われて家計が立ち行かなくなるのでは」と反対。話し合ううちに、Aさんも「うまく言いくるめられてしまった」とB社に不信感を抱くようになっていった。

契約書を見直すと、「履行の着手までは手付金を放棄して解約できる」と記されている。そこで、B社に対し、契約解除を申し入れた。

納得できないのはB社の営業マンだ。既に浴槽や壁紙は発注しており、「手付金放棄による解約はできない。違約金が発生する」と主張した。

手付金の一部返却も

このケースで争点になるのは、何をもってB社が債務の履行に着手したとみなすかということだ。債務とは、建物の引き渡しや登記の設定を指す。建材や設備の発注が、そのために不可欠な準備ならば、履行の着手に当たると考えられる。

住宅リフォーム・紛争処理支援センターの住宅相談消費者支援本部次長の

気に入ったものを
選んでください
わぁ！
BATHROOM

青木稔さんは、次のように説明する。「Aさんに引き渡すためでなくても、B社は浴槽や壁紙を発注したはずだ。Aさんは好みのものを選んだとはいえ、いくつかの中から決めたに過ぎないのであれば、それだけで履行の着手があったとは言えないだろう」

ただし、選んだ浴槽や壁紙が他の購入者なら選ばないような特殊なものだった場合は、履行の着手があったとみなされる可能性もある。

なお、契約解除に伴う違約金や損害賠償額を定めてあっても、平均的損害を超える部分は無効となることに注意したい。平均的損害額は解除の時期などによって異なるが、顧客が手付金の全額を放棄しなくて済む場合もある。

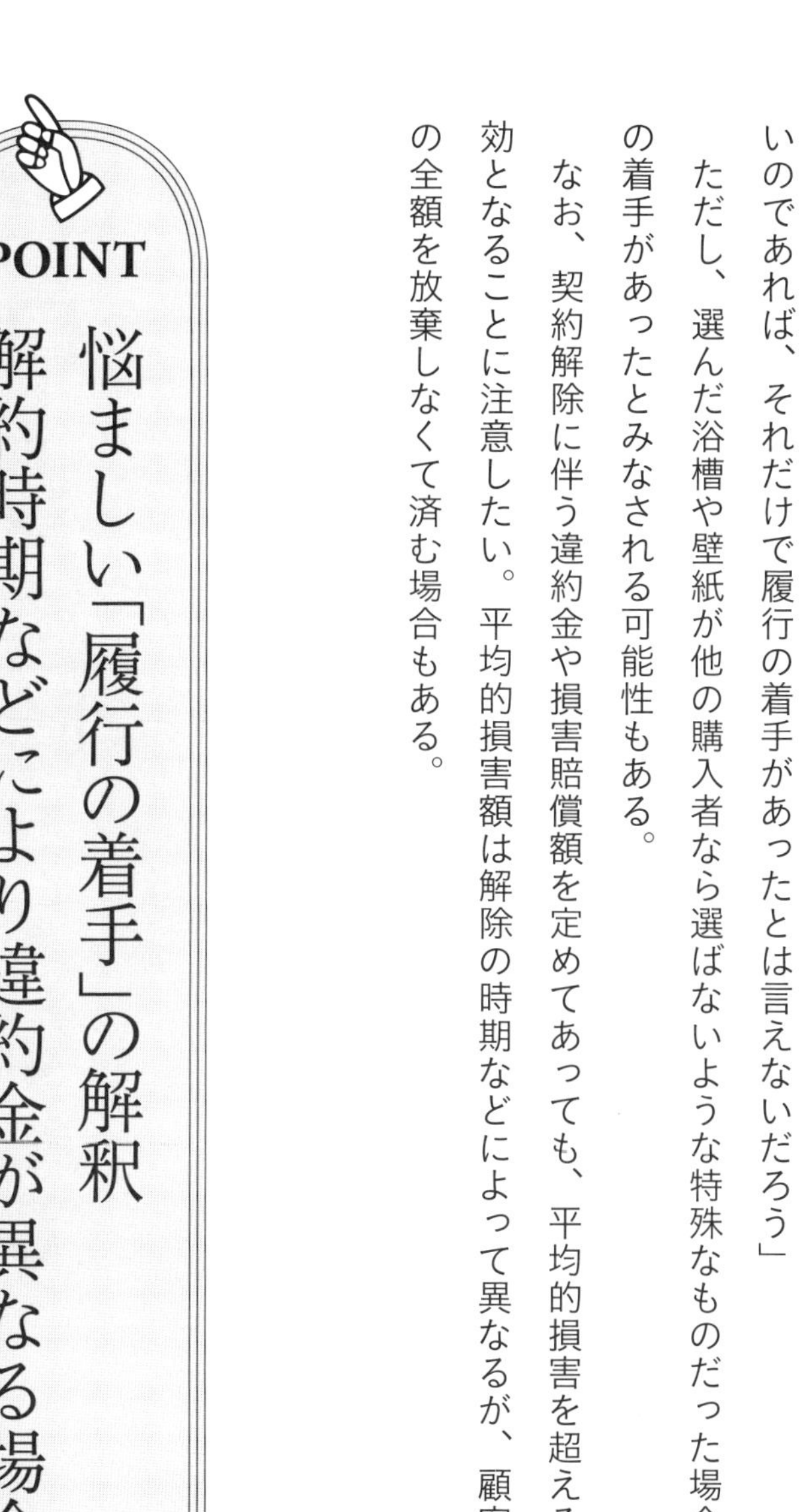

POINT

悩ましい「履行の着手」の解釈
解約時期などにより違約金が異なる場合も

Claim File

04 耐震証明ない築古住宅、ローン控除ダメなんて

新築住宅に比べて割安な価格に魅力を感じ、中古住宅の購入を検討していたAさん。築26年になる木造の戸建て住宅を見学して気に入り、売買契約を結んだ。支払いには、金融機関から借り入れた2000万円を充当した。

引っ越して数カ月後、Aさんは「確定申告をすれば住宅ローン減税を受けられるはずだ」と思い、税務署へ出向いた。

ところが、窓口で「耐震基準適合証明書がないと、控除は受けられない」と指摘されてびっくり。購入時に証明書を受け取っていなかったばかりか、仲介したB社の営業マンからも、そのような説明は受けていなかったからだ。

AさんがB社に連絡すると、営業マンは「控除を受けるつもりだったとは聞いていない」と、にべもない。減税を当てにしていたAさんは「予定が狂ってしまった」と怒り心頭だ。

一般に、築後20年を超えた木造住宅の場合、現行の耐震基準に適合していることが確認され

た住宅でなければ、ローン控除の対象とならない。しかし、耐震補強を施していない限り、ほとんどの築古住宅は基準を満たしていないのが実情だ。

診断や耐震改修にはコストと時間がかかることから、売り主側が積極的に証明書を取得するケースはまれ。このため、仲介会社が買い主に対して住宅ローン減税制度の説明を省くことも珍しくない。

買い主の改修でも可能に

かつては、買い主が控除を受けるには、売り主が事前に耐震基準適合証明書を取得しておく必要があった。Aさ

築年数の割に
きれいですよ
住宅ローン減税もあるし、
購入しようかな

んのケースでは、たとえ自分で耐震改修を実施して適合証明書を取得したとしても、控除は受けられなかった。

だが、２０１４年度改正で条件が緩和され、買い主も所定の手続きを経れば控除が受けられるようになった。この事例でも、Ａさんが住宅を購入したのが今なら、適合証明書を取得すれば、控除を受けられる。

大阪府宅地建物取引業協会では、「買い主側の仲介会社は、築年数で適用除外だからといって、説明を省くべきではない。説明義務を負う重要事項ではないものの、買い主が対策を施せば、控除が可能になることをきちんと説明しておきたい」とアドバイスしている。

POINT

築古住宅でもローン減税の説明を耐震改修すれば控除の対象になる

準防火指定で増築が予算オーバー

新築の建売住宅を探していたAさんは、不動産会社B社から、いわゆる「新古住宅」を紹介された。気になったのは、築後1年以上も売れ残っていたこと、想定より手狭であること。しかし、周辺の同等な新築物件に比べて価格が割安だったことから、増築すればいいと考え、購入を決めた。

引き渡しを受けて3カ月ほどたち、住宅会社C社に離れの増築を相談。概算の見積もりを出してもらい、予算を組んだ。ところが、C社が設計に着手するために土地の条件を調べると、一帯はAさんが住宅を購入してから1カ月後に、準防火地域に指定されていたことが分かった。

Aさんは C社の報告に驚いたものの、高齢の母親を引き取るつもりだったので、増築はやめられない。しかも、購入したばかりの母屋は早くも「既存不適格」となり、ショックを隠せない。結局、母屋と棟を分けて防火構造にしたために、予算を150万円ほどオーバーしてしまった。

増築をするつもりであることは、購入前からB社の営業マンに話してあった。だが、引き渡し時の重要事項説明でも「間もなく準防火地域に指定される」とは聞いていない。「B社は知っていながら黙っていたのではないか」と疑念を募らせたAさんは、上乗せ分の増築費用を補填するようにB社に求めた。

自治体の予告を確認

このケースでは、住宅の売買契約時点で準防火地域でなかったことから、B社の重要事項説明義務違反には当たらない。実際に担当者も、準防火指定

すぐ増築する
つもりなんだ
大丈夫
ですよ!

を受ける予定の地域であることを知らなかったようだ。

とはいえ、Aさんが B 社に対して不信感を持ったために、悪い風評が立ったりすれば、地域密着で不動産業を営む B 社にとってプラスにはならない。

用途地域の変更や地域・地区の指定は突然、実施されるのではなく、事前に決まっているものだ。大阪府宅地建物取引業協会は、次のようにアドバイスする。「顧客から増築の相談を受けていたのならば、不動産会社としては自治体のホームページなどで変更の可能性を調べる程度のことはしておきたい」。

顧客自身でも調べることは可能だが、「素人が気付かない点を助言するのがプロのサービス」といえそうだ。

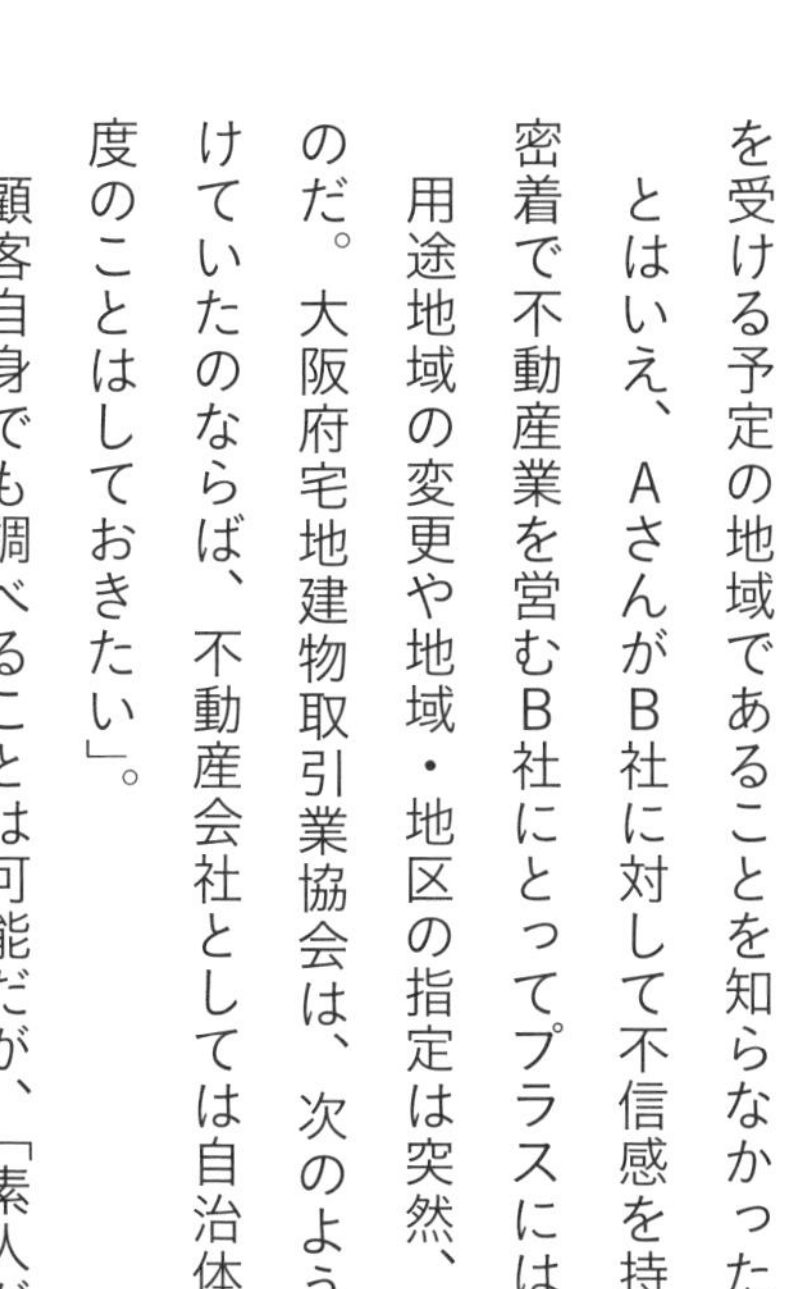

POINT

顧客が購入後に増改築を計画していたら自治体の地域・地区変更の可能性を確認

6割強が「5年以内でクレーム経験あり」

家づくりの顧客クレームは一般に、新築以上にリフォームで生じやすいといわれる。日経ホームビルダーが住宅実務者向けに、住宅リフォームにおける顧客クレームをテーマに実施したアンケート調査の結果を、このコラム「プロに聞いた『リフォームトラブルの実相』」①～⑤で紹介する。②は54ページ、③は78ページ、④は106ページ、⑤は124ページにそれぞれ掲載した。

「都市部以外」の方が多い？

まず下の円グラフは、調査時点（2019年11月）から過去5年以内の工事でトラブル経験があるかどうかを尋ねた結果だ〔図1〕。「よくある」と回答した実務者は全体の1％程度とほとんどいないものの、約3分の2の実務者は「ときどきある」と回答し、顧客から何らかの不満やクレームを受けていた。トラブル経験の有無は、「都市部以外」の方が「都市部」よりわずかだが

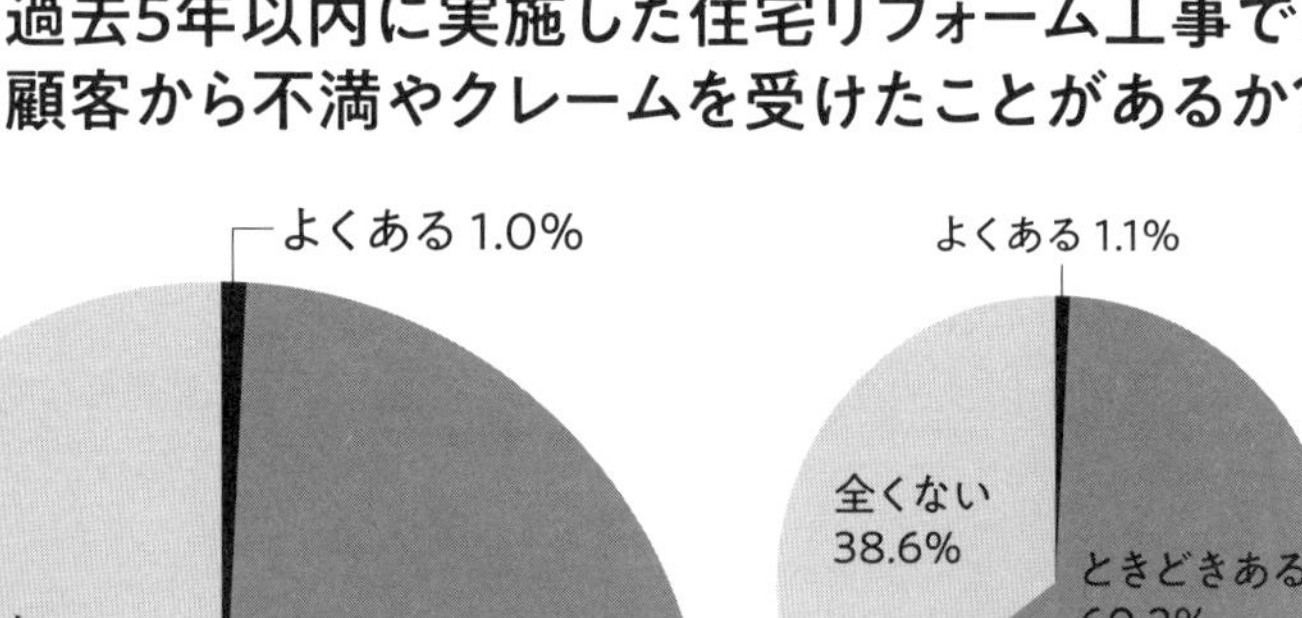

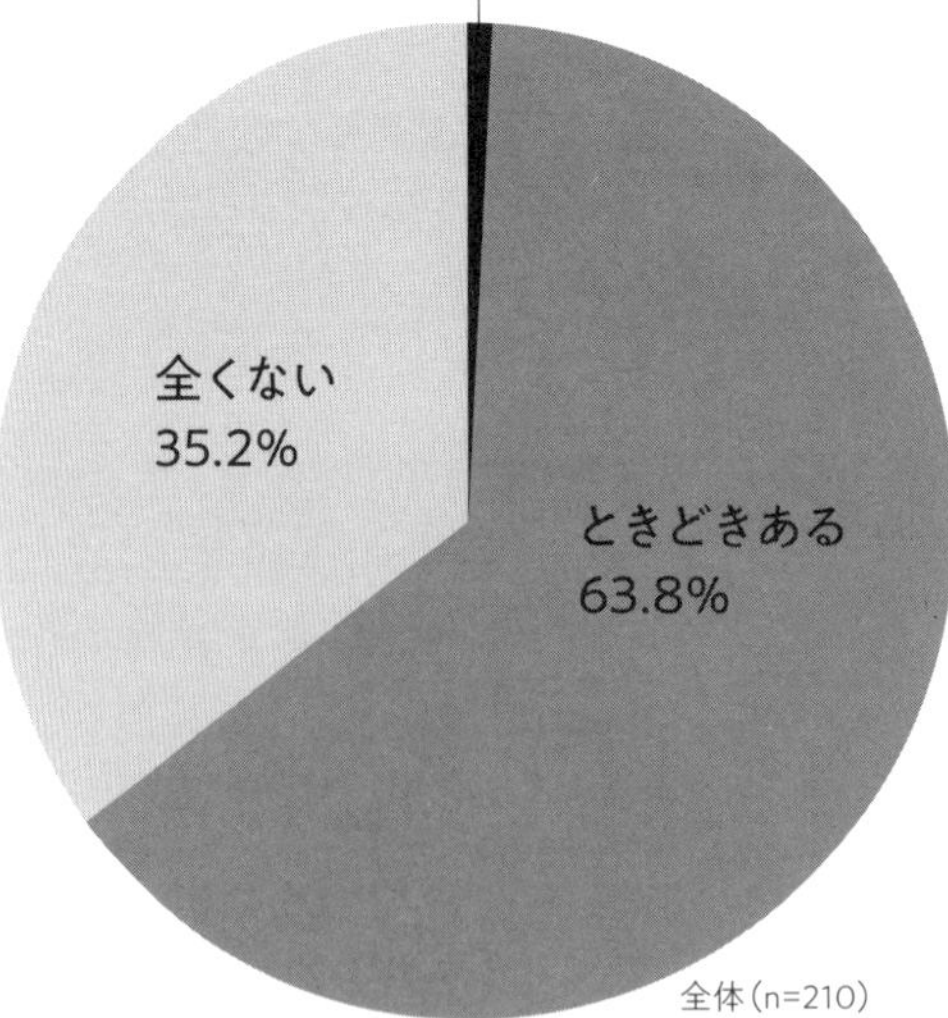

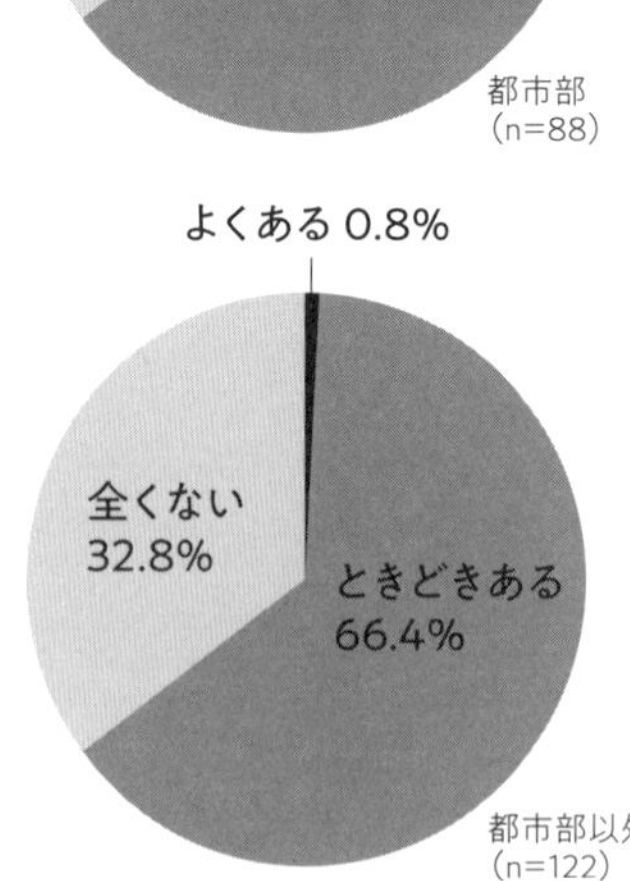

〔図1〕勤務先で過去5年以内に手掛けた住宅リフォーム工事について尋ねた。「よくある」と回答した実務者は1％に過ぎないものの、「ときどきある」が約3分の2に上る

（資料：Data Columnの図は全て日経ホームビルダー）

多かった（「都市部」の定義は左枠に示した「調査概要」を参照）。

また回答者に、同じく過去5年間に勤務先が手掛けた住宅リフォーム工事の実績をおおまかな件数で尋ねてみると、約4割の実務者が「50件以上」と答えている。勤務先が20件以上、手掛けている実務者の割合は過半に上っている〔図2〕。

調査概要
2019年11月4日〜27日にインターネットで実施。日経BPコンサルティングの協力を得て、日経ホームビルダーが実施した。有効回答数は210。調査対象は勤務先が住宅のリフォーム工事を事業として手掛けている実務者。勤務先の業種は工務店56.7％、住宅会社（地域限定）13.8％、総合建設会社（地域限定）16.7％、リフォーム専業会社2.4％、専門工事会社1.0％、建築設計事務所9.5％。勤務先の所在地は、東京都12.4％、大阪府8.6％、愛知県7.6％、神奈川県5.7％、兵庫県5.2％と続く。集計では、埼玉県、千葉県、東京都、神奈川県、愛知県、大阪府、福岡県の7都府県を「都市部」、他を「都市部以外」と分類し、各合計値を示した

Q 過去5年以内に手掛けた住宅リフォーム工事の件数は？

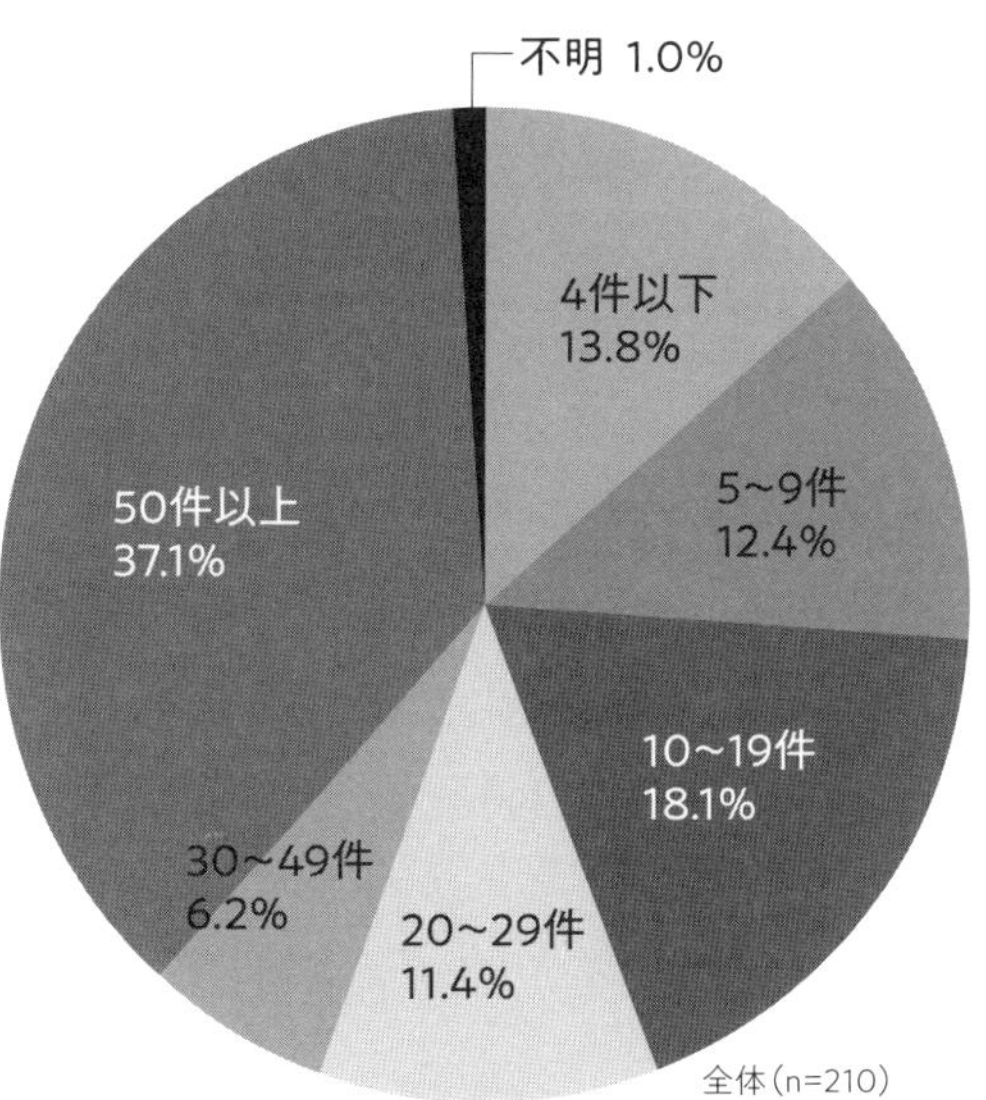

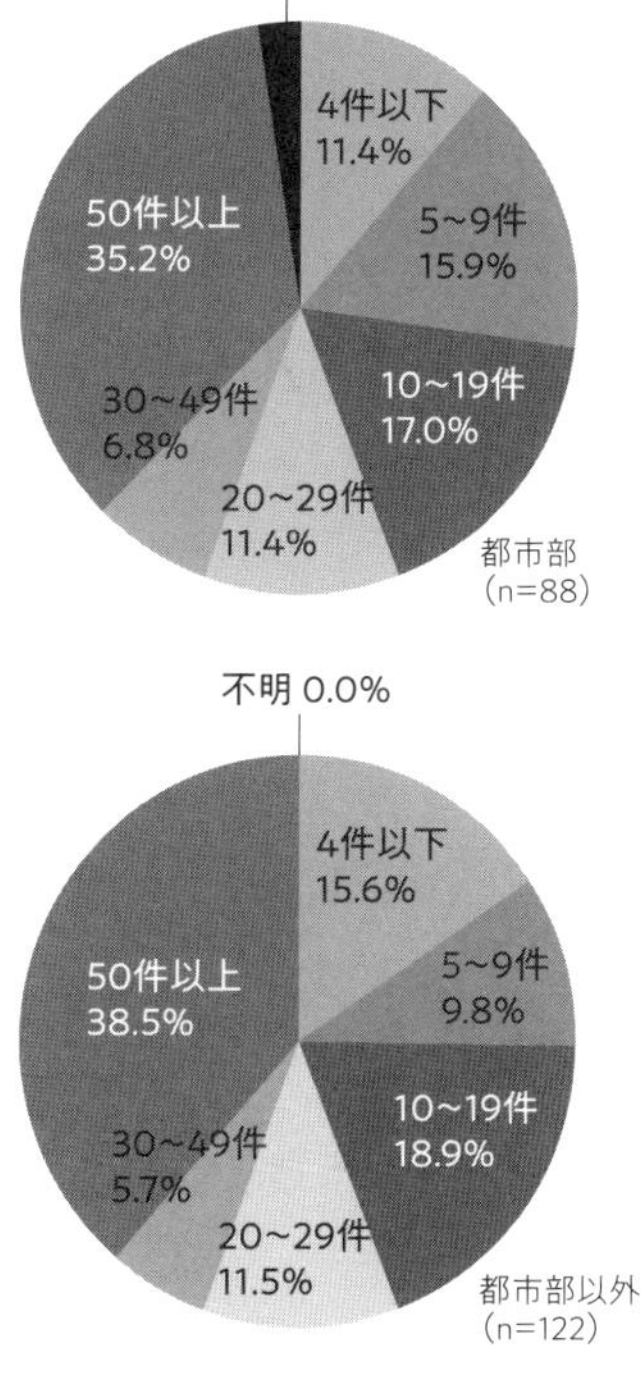

〔図2〕勤務先が手掛けた住宅リフォーム工事のおおまかな件数を尋ねた。「不明」は回答者自身が把握していない場合に選んでもらった。回答者の勤務先の従業員数は、3人以下が36.7％、4〜9人が23.8％、10〜19人が11.9％と続く。10人未満が回答者全体の6割超を占める

Claim File

Part2

設計や見積もりを巡るすれ違い

設計図書のクオリティーや発注ミス、プロ側の判断と建て主ニーズのミスマッチなど、設計や見積もりに起因するクレームトラブルは少なくない。施工段階に入ってからやり直しとなると、プロ側に大きな痛手となる。

設計図書が少なすぎる

ゼネコンに事務職として勤務するAさんは、戸建ての木造住宅を新築中。引き渡しの前に、念のため「建築のプロ」である同僚の技術者Bさんに家を見てもらうことにした。

やってきたBさんは、設計図を手渡され、「これだけしかないのか」と困惑顔。室内のチェックを始めたところ、すぐに何カ所かのコンセントやスイッチの位置が、図面と異なることを発見した。

「こんなにいいかげんな工事をしている会社など信用できない。電気配線も間違っている可能性があるが、設計図書がないので確認しようがない」。設計・施工を手掛けた住宅会社C社に対して不信感を募らせたBさんは、配線をチェックするために、室内の壁を全部剥がさせるように助言。不安になったAさんも同調し、「配線を確認するまで、未払い分の工事費は支払わない」と主張した。

驚いたのは、C社の担当者だ。確かに、コンセントやスイッチの中には、最終的に図面と異なる位置に設置したものもある。しかしそれは、現場でAさんの妻と相談しながら決めたことだ。そうした微調整までいちいち図面には反映していない。もちろん、電気の配線はきちんと施工してあり、「壁を剥がせ」という要求には納得がいかない。

同業者ほど要注意

C社から相談を受けたのは、住宅トラブルの解決に当たるMr.HAUS（ミスターハウス）（ハンドルネーム）さん。これまでの経験から、「建て主のまわりに建築関係者がいる場合は、注意が必要だ」と助言する。

というのは、同じ建築でも、ビルと住宅では進め方が大きく異なるからだ。ビル工事では基本的に、膨大な設計図書に基づき、逐一そのとおりに施工する。一方、住宅の場合は確認申請でもそれほど多種類の図面を求められず、現場で打ち合わせしながら細部を調整する要素も多い。

Aさんのケースも、ゼネコンでビルの施工管理に携わるBさんが、自分の常識を住宅に当てはめてしまったことがトラブルの原因だ。ハウスさんが丁寧に説明した結果、2人は事情を理解し、壁を剥がす事態は回避できた。

「同業者だからといって油断は禁物。建築に詳しくない一般の建て主に対するのと同じように、細かい点まで説明が必要だ」とハウスさんは話している。

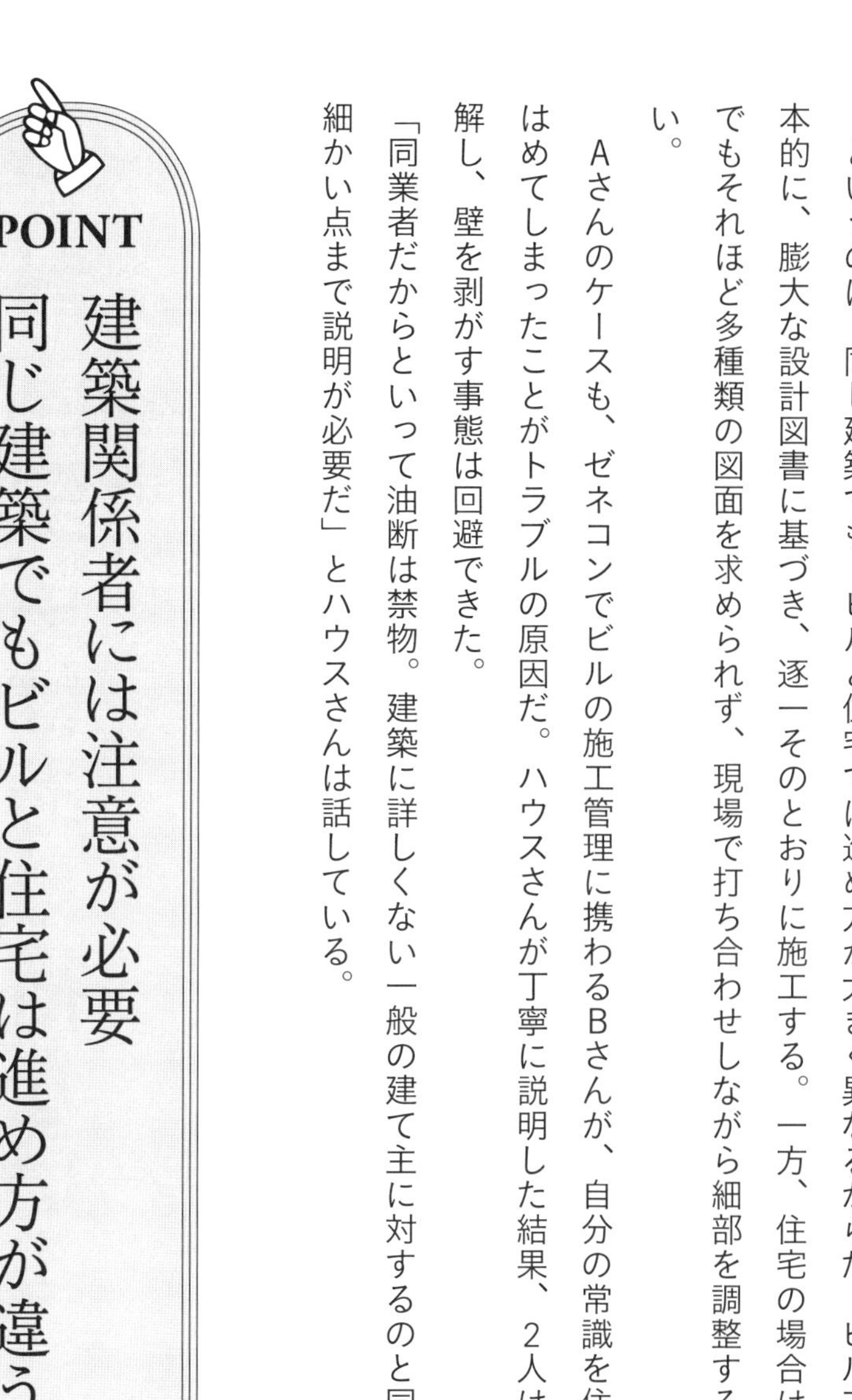

POINT

建築関係者には注意が必要
同じ建築でもビルと住宅は進め方が違う

Claim File

07 窓を間違えて発注? 計画変更はあり得ない!

中価格帯を得意とし、年間10棟を手掛けるA工務店。高性能ではないが、省エネルギー基準を意識した家づくりをしてきた。省エネ基準の義務化を睨み、さらなる高断熱化、省エネ化を進めようと考えていた。

そんなとき、打ち合わせ中のBさんが省エネに興味があると切り出した。ちょうどZEH(ネット・ゼロ・エネルギー・ハウス)の補助金募集のタイミングとも合ったので、ZEHの仕様を提案したところ、それが決め手になり契約にこぎ着けた。

ガラス仕様の間違いが発覚

A工務店のAさんにとって初めてのZEH申請だったが、首尾よく補助金の審査は通った。建築確認申請も完了。2週間後には上棟を迎えられそうだ。

だが、問題が生じた。発注書を確認していたAさんは、南面の窓の仕様がZEH申請の計算

窓が
小さくなるって
どういうこと？
ZEH申請を
間違えて
しまって…

書と違うのに気が付いた。計算書は室内外の2面がLow-Eの三層ガラスだったが、発注したのは1面がLow-E。性能が低かった。どうも、計算時に選び間違えたようだった。

ZEHの補助金の場合、申請した仕様と現物が検査時に異なると、補助金取り消しがあり得る。特に申請よりも性能が落ちる場合は厳しい。

一般的なサッシなら、ガラスを発注し直せば済むが、高性能サッシは受注生産。ガラス込みの完成品だ。しかも納期は2~3週間と長い。既に発注済みで変更はできない。

補助金を得るには、窓の性能が下が

る分をほかの要素で補い、申請時の性能以上にする必要がある。Aさんは大至急Bさんに連絡を取り経緯を説明。窓のサイズを変更し、一部を壁にして性能を補う提案をした。Bさんは「あり得ない」とその提案を一言で却下。Bさんは窓が大きくても寒くない家になると喜んでいただけに、怒り心頭だった。

そこでAさんは、屋根断熱の性能を高めて対応することを改めて提案。これなら窓の大きさは計画通りなのでBさんは納得した。審査機関にも仕様変更が認められ、補助金は下りることになった。工事費の増加分はA工務店が負担した。

受注生産品の高性能サッシは変更が困難だ。特にZEH申請が絡む場合、高性能サッシの仕様間違いは他の部位の仕様の再考が生じるなど、与える影響が大きい。発注時に十分に確認したい。

POINT

高性能サッシは発注ミスの訂正が困難 ZEH補助金の場合、他への影響が多大

この間取りじゃ不幸になる！

地域密着型のA工務店。時流に乗って最近は独自の規格住宅を手掛けている。同社が施工した規格住宅を見て、50代後半の単身女性のBさんが問い合わせてきた。コンパクトな間取りが気に入ったからだ。

Bさんは「家相を気にする身内がいるので、間取りに多少配慮してほしい」と要望。A工務店のA社長は「分かりました」と返事をした。

家相に詳しくないA社長。だが、鬼門（北東）を避けて、北西にトイレや洗面所などを配置すると良いということを聞きかじっていた。それなら対応できると考えて引き受けた。

図面を真っ赤に添削

早速A社長はBさんと数回にわたって打ち合わせを実施。さらに2回ほどやり取りして最終案をBさんに提出した。Bさんは「契約前に身内の兄にプランを見てもらう」と持ち帰った。

その2日後。Bさんから電話があった。「このプランはあり得ない」とBさんの兄であるCさんに怒られたという。Cさんは家相に入れ込んでおり、図面を真っ赤に添削していた。

特にCさんが強く指摘したのは、無難と思っていた北西のトイレと洗面所。Bさんの誕生月だと最悪の方角だという。これらの位置に加えて、浴室やキッチンなどを配置した方角についても、細かい注文が付いた。出窓やバルコニーといった躯体から張り出す部分の寸法も指定された。

「このままの間取りだと不幸になる。なんとかしてほしい」とBさんは訴え

これが
火種！
そういえば、あの時…
家相を
多少配慮して
くださいね
基本的なところは
押さえています
鬼門を避ければ
大丈夫だろう

る。規格住宅の範囲を超えた作業になるので、断ることも考えたA社長。だが、資金繰りを考えると、この仕事は取っておきたい。熟考の末、Cさんに会って話を聞き、再度プランを作成することにした。

この行動が功を奏した。Cさんの意見を取り入れて兄の面目が立ったこともあり、プランはあっさりまとまった。実質的には自由設計となったが、成り行き上、規格住宅に少し上乗せした金額程度で受注。なんとか採算が取れる内容でまとまった。

家相を話題に出す建て主は、遠慮がちに見えても、実際はこだわりが強い人が多い。また家相の権威を強く信頼している場合もある。家相に対するこだわりの程度や、先生として慕っている知人がいないかなど、打ち合わせの初期段階で明らかにしておくのが望ましい。特に規格住宅の場合は、家相は設計に反映できないことを最初に説明しておこう。

POINT

家相を話題にする建て主の場合こだわりの程度などを明確にしておく

第三者検査会社が指摘しているんだ！

年間数十棟を手掛ける中堅ビルダーのA工務店は、幅広い客層に対応している。顧客のBさんはその1人。Bさんは疑心を抱きやすい性格だったため、契約にこぎ着けるまでに営業担当者はかなり苦労した。そこで、現場監督はベテランのCさんに任せることにした。

基礎の着工直後、Bさんから「鉄筋がさびている！」とクレームの電話がかかってきた。確認すると、生じていたさびはごくわずかで、問題ない程度だった。ところが、Bさんは説明に納得しない。Bさんは独自に第三者検査会社に相談しており、そこで聞いた話を基にクレームを付けていたのだ。

Bさんは「品質が不安だから、私に助言している会社に第三者検査を依頼したい」と言い出した。仕方なくC氏はその会社の担当者に会いに行った。

検査会社の母体はマンションを主に手掛ける設計事務所で、木造住宅の経験はないという。そのためか、検査員が主張する基礎工事の検査はゼネコンが行う手法で、木造住宅の現場ではありえないものばかりだ。Cさんはそのことを指摘したが、検査員は話を聞こうとしない。

困り果てたCさんは、Bさんに「この検査会社が担当するなら、契約は破棄したい」と通告。Bさんはしぶしぶ Cさんの主張を受け入れた。その後、第三者検査会社はCさんが紹介した設計事務所が担当。同事務所は木造住宅の経験が豊富だったのでBさんからの信頼も得られた。事態は収拾し、以降は問題なく進むはずだった。

ガラの残材で再クレーム

無事に引き渡し、Cさんが胸をなで

これが
火種！
そういえば、あの時…
鉄筋はミルシートを
出してもらって、
施工後はビニールシート
で養生します
それなら
安心です
ゼネコンの
現場じゃないん
だから…

下ろしたのもつかの間、Bさんから再びクレームの電話がかかってきた。「敷地にガラが残っている！」

Bさんが他社に造園工事を依頼したところ、残土の整地部分からガラが出てきたという。ふるいの目を抜けるような小さな解体材は、現場に残ってしまっても許容されるのが一般的だ。だが、Bさんは譲らない。

ガラの規定までは契約書に明記していなかったので、A工務店が工事費を持ち出して土を入れ替えた。それでもBさんの怒りは収まらず、アンテナ設置などの残工事の代金もA工務店が負担する羽目になった。

第三者検査を自ら求める建て主のなかには極端に神経質な人もいる。契約しても大丈夫か否かの見極めを厳格に行うとともに、契約書の内容も精査して対応したい。

POINT

第三者検査を求める神経質な建て主
契約書の内容を精査して細部まで配慮

Claim File

10 パースと違う！これでは詐欺だ

大規模リフォームに力を入れているA工務店。最近はシニア層の顧客が中心で、現在住んでいる家にずっと住み続けるための改修をしたいといった要望が増えていた。Bさんはそんな顧客の1人だ。明るい空間と開放性がある間取りを夢見て、リフォームの相談をしていた。

担当したA工務店のA社長は、「スケルトンにしたうえで、リビングの北面に掃き出し窓を設置する」というプランを提案した。部屋の北側は公園に面していて眺望がよかった。1日を通じて安定した採光が得られるので、Bさんの要望にも合う。

A社長は現場調査で作成した既存の図面を基に改修後のイメージが分かるパースをつくったほか、3Dソフトで日照シミュレーションまで実施して示した。Bさんはこの提案を気に入り、A工務店と契約することにした。

解体が始まり、軸組みがあらわになってきたときのことだ。現場を訪れたA社長はある箇所を見て表情を曇らせた。リビング北側の梁の高さが想定よりも低かったのだ。

北側の掃き出し窓には高さ2・2mのサッシを採用する予定だったが、この梁の位置だと厳しい。高さ1・8mの製品しか入らない。A社長は諦めて、当初の予定よりも低いサッシしか採用できないとB氏へ素直に伝えた。リフォームには解体してから状況が明らかになることがある。いわゆる「開けてびっくり」は付きものなのだ。

パースがクレームの原因に

するとBさんは「大きな窓の提案が気に入って契約したのに、それができないなんて詐欺だ」と怒り出した。

新築であれば契約図面が最優先だ。し

これが火種!
そういえば、あの時…
高さ2mの窓に変えるので開放的になりますよ
部屋が明るくなりますね ぜひお願いします!
Reform

かし、リフォームの場合は現況を優先せざるを得ない。A社長はそのことを説明したものの、Bさんは納得しない。「提案されたイメージ図通りの空間ができると思うのは当たり前だ」と強く主張した。

だが、梁の高さは変えられない。A社長は代替案としてリビングの別の面に窓を増やすこと、値引きを提案。Bさんは納得した。

大規模リフォームでは空間パースを解体前に作成することが少なくない。当然、予測を含んでおり、実行できない要素もあり得る。パースはイメージが伝わりやすいだけに、実現できなかった場合の顧客の落胆は大きい。大規模リフォームにおいては安易なパース利用は避けておきたい。

POINT

リフォームでのパース使用は要注意 顧客はイメージどおりを求める

「イメージの相違」が不満を生む

住宅リフォームにおける顧客クレームについて、日経ホームビルダーが住宅実務者向けに実施したアンケート調査の結果を紹介する（「調査概要」は31ページを参照）。

顧客から受けた不満やクレームの内容を実務者に尋ねると、「施工ミスはないがリフォーム箇所に関する不安・クレーム」との回答が最も多かった〔図3〕。これは言い換えると、「ここも直してもらえると思っていた」「思っていた○○（色など）と違う」といったように、顧客とのイメージの相違に起因するトラブルということができる。

Q 不満やクレームの内容は？（複数回答）

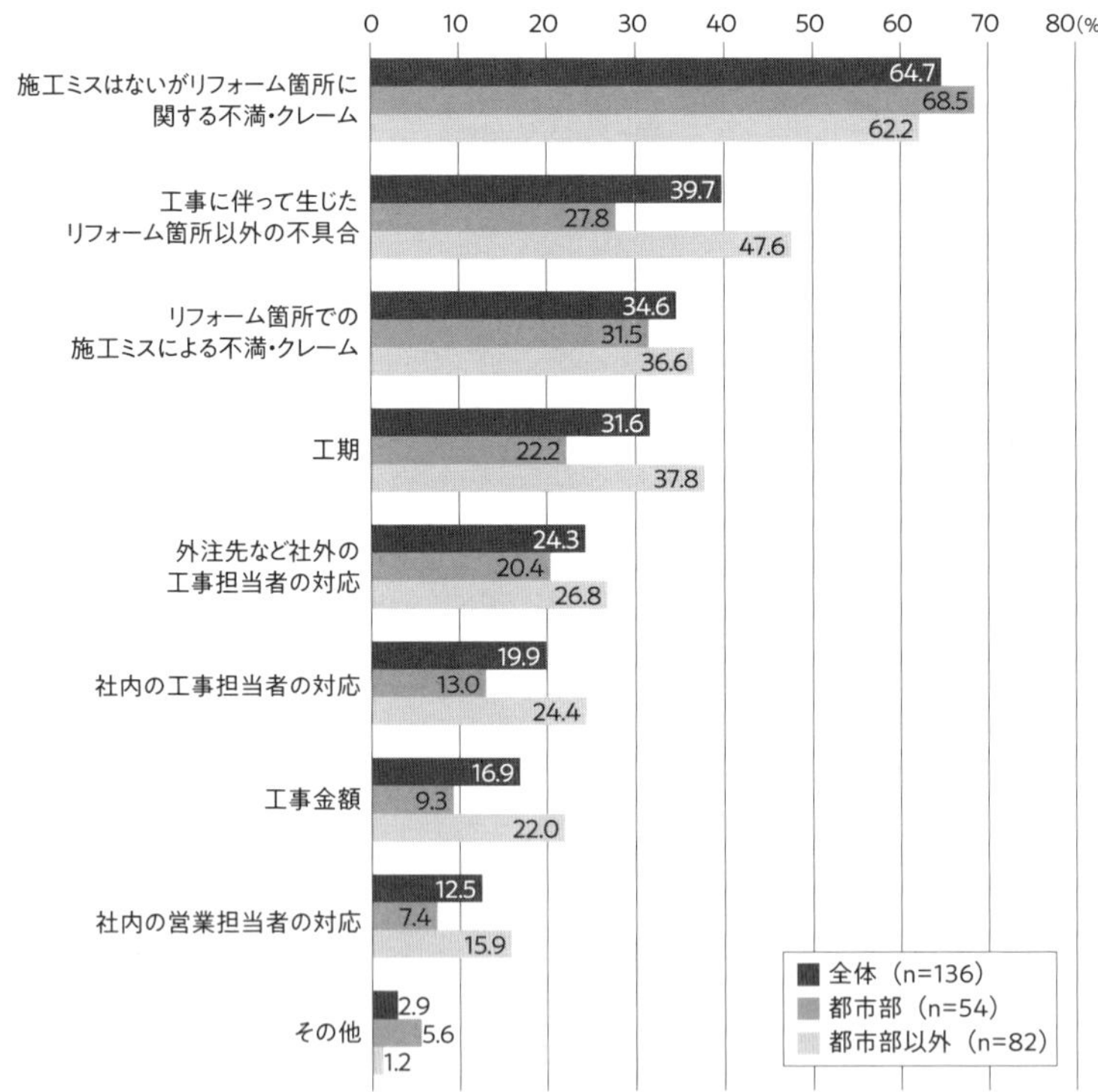

〔図3〕勤務先が住宅リフォーム工事で顧客から不満やクレームを受けたことがあると回答した実務者に複数回答で尋ねた。リフォーム箇所の施工ミス自体よりも、完成イメージの相違や養生不足などに起因するトラブルが多い

養生不足が招く場合も

次いで多かったのは、「工事に伴って生じたリフォーム箇所以外の不具合」。例えば、養生が不十分で完成箇所に傷が付くなどのトラブルにつながったケースだ。3番目には、「リフォーム箇所での施工ミスによる不満・クレーム」が続いている。

回答した実務者がクレームを受けたリフォーム工事の箇所としては、上位には「風呂・洗面所」「キッチン」「トイレ」と水回りが多い〔図4〕。一般にリフォームの件数自体が多い箇所であることに加え、使い勝手に直結するので不満につながりやすいとみられる。目に

Q クレームを受けたリフォーム工事の箇所は？（複数回答）

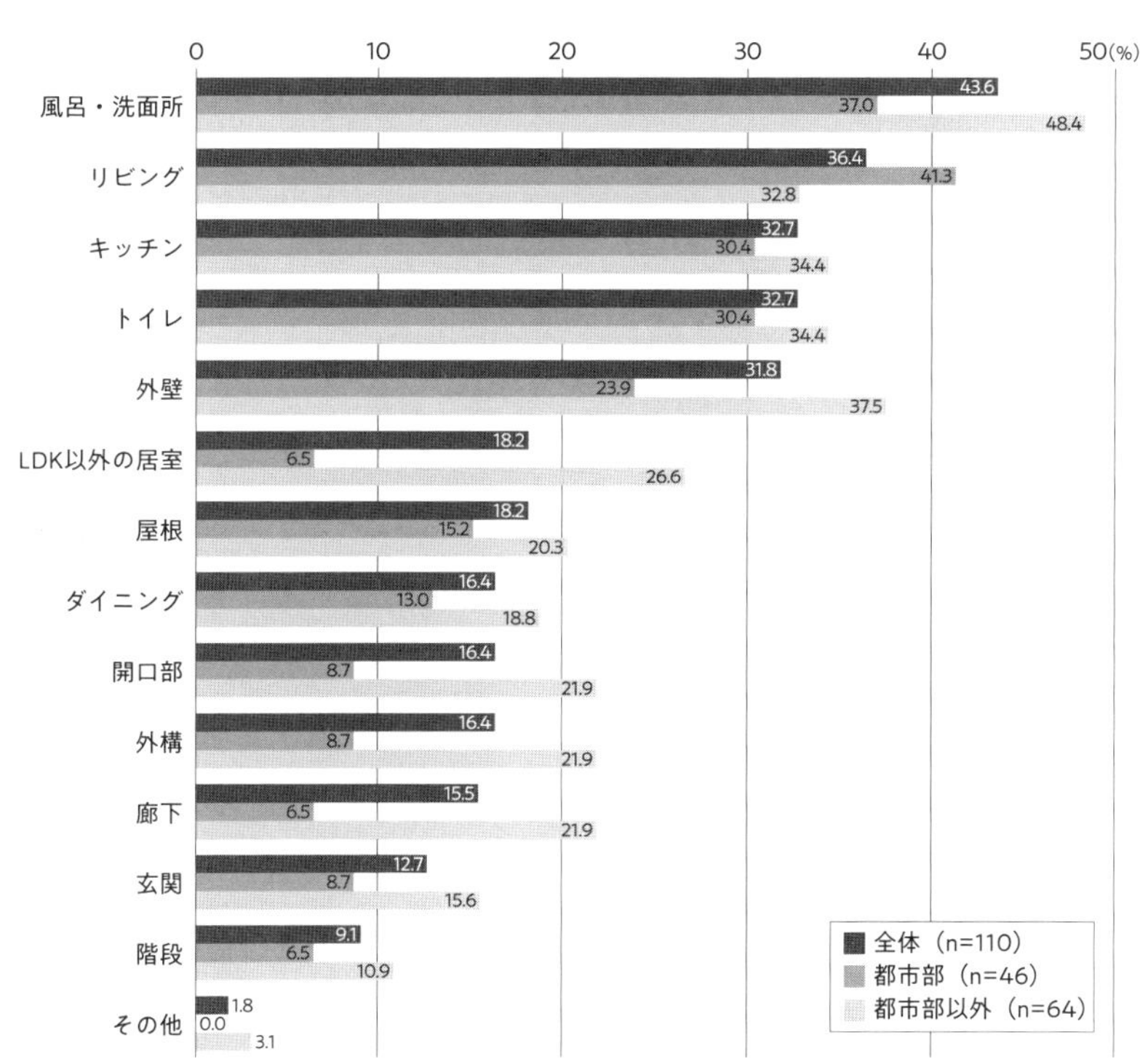

〔図4〕不満やクレームの内容（図3）で、「施工ミスはないがリフォーム箇所に関する不満・クレーム」「リフォーム箇所での施工ミスによる不満・クレーム」と回答した実務者に複数回答で尋ねた。「風呂・洗面所」「キッチン」「トイレ」と水回りが上位に目立つ

触れる機会が多い「リビング」や「外壁」もクレームが多い。

リフォーム箇所以外でクレームが生じた箇所では、「リビング」と「廊下」が多かった〔図5〕。リフォーム箇所への動線となることが多いので、先述したような養生トラブルが生じやすい箇所でもある。

「都市部」と「都市部以外」で比較すると、後者の方が幅広い箇所でクレームが生じる傾向があることが見て取れる（「都市部」は埼玉、千葉、東京、神奈川、愛知、大阪、福岡の7都府県、「都市部以外」はそれ以外の各合計）。

Q リフォーム箇所以外でクレームを受けた箇所は？（複数回答）

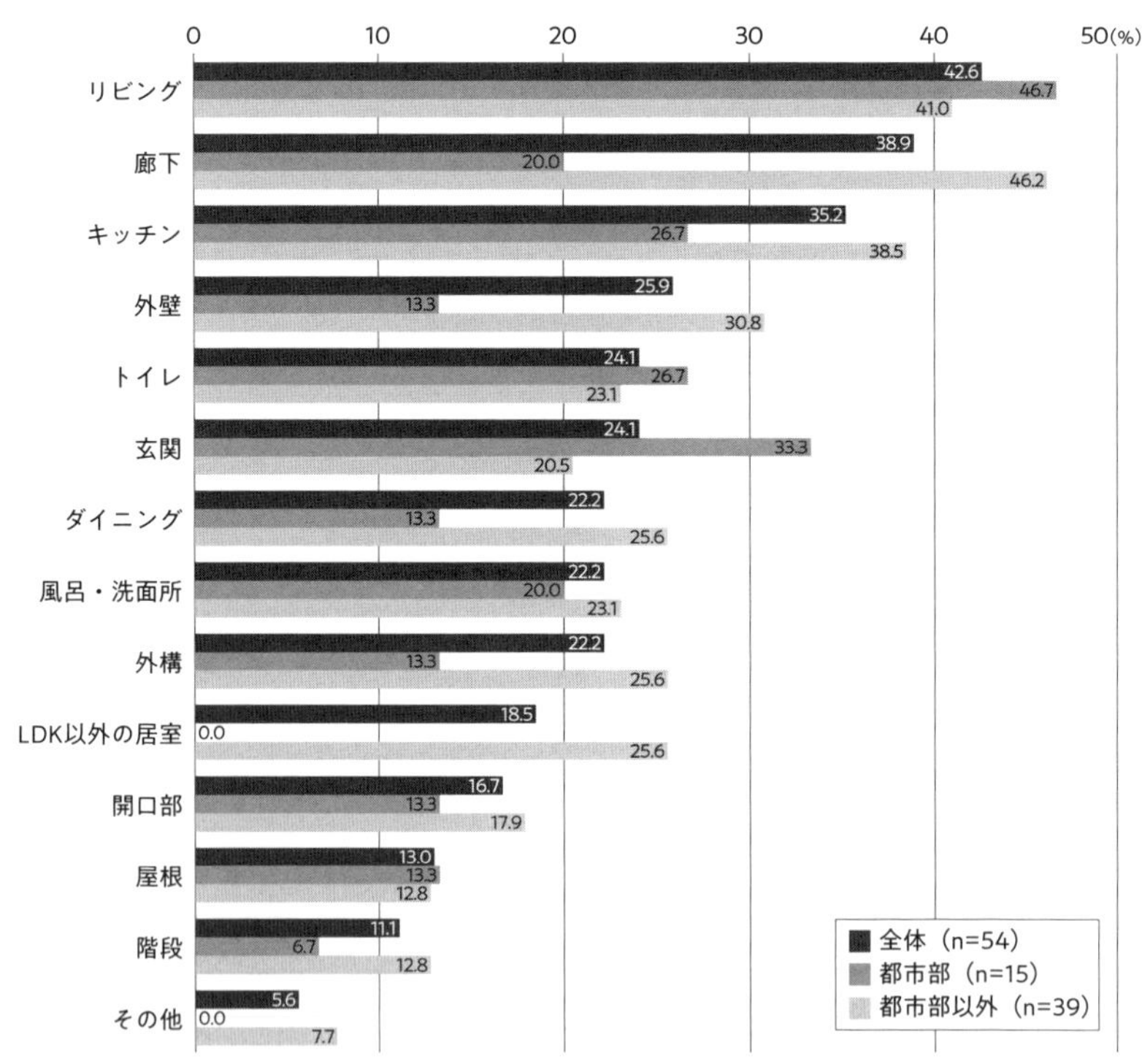

〔図5〕不満やクレームの内容（図3）で、「工事に伴って生じたリフォーム箇所以外の不具合」と回答した実務者に複数回答で尋ねた。リビングや廊下など、玄関からリフォーム箇所への動線となり得るスペースでクレームが多い

Claim File

Part3

施工を巡るトラブル

施工や養生の品質が建て主のクレームを招くことも多い。施工管理や工事監理の不十分さが原因の場合もある一方、プロ側の説明不足から、本来は問題がないのに建て主とトラブルになってしまうケースもある。

11 ローコストへの挑戦でつくり忘れたもの

工務店のA社は、価格破壊を掲げる大手住宅会社の攻勢に対抗するため、坪単価を25万円程度に抑えた低価格仕様の規格住宅を開発した。新聞の折り込みチラシで宣伝すると、安さを評価した50歳代のBさん夫妻から新築の依頼がきた。

低価格を実現するためのポイントの例は短工期だ。社長のAさんは、基礎の底盤と立ち上がり部のコンクリートを一度に打設する工法を採用。木工事のスピードも上げて、工期を全体で2カ月未満に短縮するよう、施工管理担当の社員に指示した。

しかし着工後の現場は混乱した。基礎を専門工事会社に下請けさせず自社で施工すると、技能不足のため天端に不陸が生じた。打設をやり直す時間がないので、管理担当の社員は、木工事の際にパッキンや金物で床のレベルを調整して不陸を解消するよう、大工に指示した。

大工はA社の工事を請け負うようになって間もなかったせいか、不陸対策を行わずに床を施工した。その結果、床の一部に傾斜が生じているのに気付いた管理担当の社員は、大工に手直しを指示。社員から報告を受けたAさんは、完成までに床を平坦にできたと思い込んでいた。

住宅の引き渡し後、Bさんから「建具の上に変な隙間ができている」とクレームが来た。Aさんが管理担当の社員と現場へ駆け付けると、床の不陸で建具に不具合が生じていることが判明した。

「隠れていたミスならともかく、施工中に分かっていたミスを解消できなかったとは」。Aさんは衝撃を受けた。管理担当の社員は短工期に追われたためか、大工が床の不陸を直したかどうかの確認を怠っていた。Aさんが低価

工期厳守
床の傾斜の直しも
よろしくね〜
そんな時間
あるかな

格仕様の開発をやや急いだため、社員や大工などの職人は新仕様への適応が不十分だった。

Ａ社は建具を取り外して床を補修した。しかし、Ｂさんは不陸が直っていないと主張し、Ａ社などを相手取って損害賠償を請求する訴訟を起こした。

〝人づくり〟が重要と悟る

Ａさんは、「低価格の新仕様を開発する〝ものづくり〟に気を取られ、社員や大工の教育という〝人づくり〟がおろそかになっていた」と反省。ローコストをやめて長期優良住宅を導入したうえで、大工も社員にして教育し、品質管理体制を立て直すことにした。

POINT

新しい仕様や工法の開発は担える人材の育成と同時進行で

Claim File

12 こんな天気なのに基礎を養生しないのか

住宅会社のB社に家の新築を注文したAさんは、基礎のコンクリートの品質が気になり、インターネットなどで情報を集めた。施工の時期が冬だと分かると、営業担当者と現場監督に「凍害で品質が低下しないよう気を付けてほしい」と要望した。

B社は1月中旬に基礎のコンクリートを打設した。その時の気温は6℃程度だった。工事の様子を見に行ったAさんは帰宅後、翌日の天気予報が大雪と知り、基礎の状態が心配になった。翌朝、雪の中を現場へ駆け付けると、打設後のコンクリートはむき出しのまま放置されていた。すぐにB社に電話してブルーシートで覆わせた後、固まっていないコンクリートが長い時間、雪にさらされていたことへの不安と不満を監督に訴えた。監督は、「27N／㎟の強度の高いコンクリートを使っているうえ、気温が零下5℃を上回っていたから大丈夫」と説明した。

なおも不安なAさんが次の日も現場へ行くと、コンクリートの一部にひびが入ったり雪解け水がたまったりしていた。Aさんは、消費者からの住宅相談に応じているNPO法人住環境健康情報ネットワーク（愛知県一宮市）に助言を求めた。

対応した理事長の中井義也さんは、善後策として第三者の検査会社に基礎の強度を確認してもらうことを勧めた。Aさんは B社に第三者の検査を求め、検査会社がシュミットハンマーで数値に異常がないことを確認するなどした。その結果、Aさんは納得したという。

基礎をやり直させた建て主も

このケースについて、コンクリートの品質管理に詳しい総合コンクリートサービス（東京都あきる野市）社長の岩瀬文夫さんにも意見を聞いた。岩瀬さんは、

明日は冷え込みが厳しく、朝から雪でしょう
内陸部を中心に大雪
今日打設しといてよかった。後は固まるのを待つだけだ。

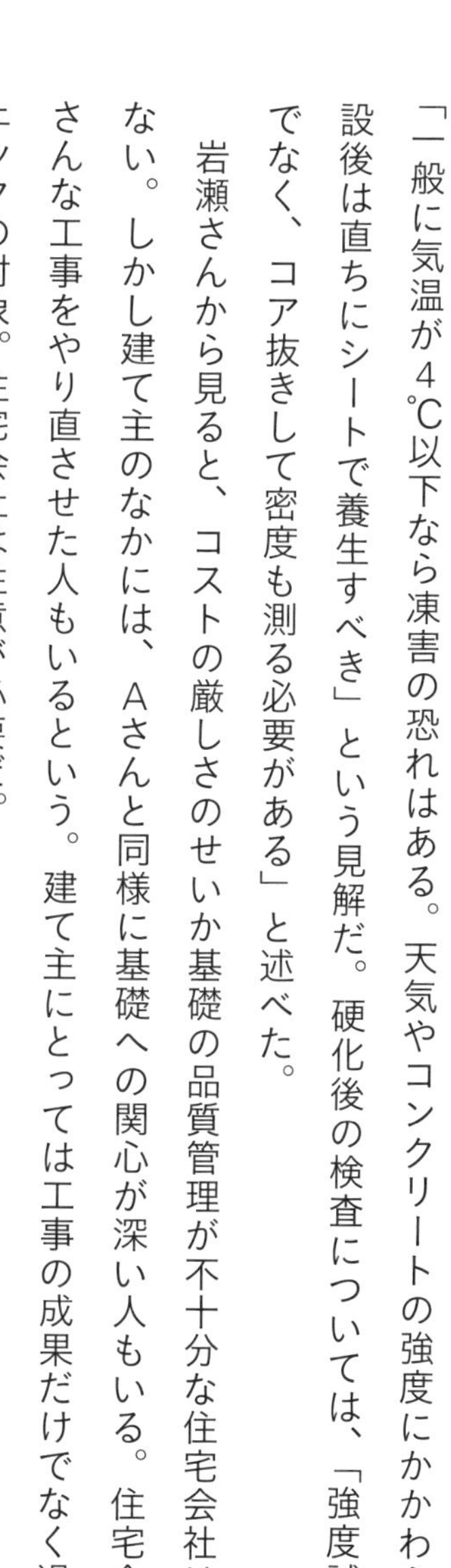

「一般に気温が４℃以下なら凍害の恐れはある。天気やコンクリートの強度にかかわらず、打設後は直ちにシートで養生すべき」という見解だ。硬化後の検査については、「強度試験だけでなく、コア抜きして密度も測る必要がある」と述べた。

岩瀬さんから見ると、コストの厳しさのせいか基礎の品質管理が不十分な住宅会社は少なくない。しかし建て主のなかには、Ａさんと同様に基礎への関心が深い人もいる。住宅会社にずさんな工事をやり直させた人もいるという。建て主にとっては工事の成果だけでなく過程もチェックの対象。住宅会社は注意が必要だ。

POINT

基礎の品質管理にこだわる建て主もいる
厳しいチェックに耐えられる現場管理を

13 養生していたのに新築で床に傷

「新築なのに傷物だなんて、がっかりだ」。自宅を建て替えたAさんは、残念そうに話す。リビングの床に長さ50㎝ほどの傷が付いているのを発見したのは、引き渡しのとき。驚いて指摘すると、住宅会社B社の担当者は「養生したはずなのに」と困惑顔で、「補修はするが、完全には隠せない」と説明。補修が終わって見ると、やはり光の加減では傷痕が目立つ状態だ。

Aさんはその部分だけでもフローリングを張り替えてくれるように求めたが、B社の担当者は承知せず、お詫び料として5万円の支払いを提示した。Aさんは「傷一つない家はないと思うが、心情的に納得できない」と不満顔だ。

B社は養生を外した段階でリビングの床に傷がないことを確認していた。しかし、その後の仕上げ工程で傷が付いたり、家具の搬入時に床や壁をこすってしまったりすることもある。B社では建て替えの際、建て主に家具の一時預かりサービスを提供しており、Aさん宅でも搬入会社が床を傷付けた可能性がある。とはいえ、真相ははっきりしない。

こうしたケースでは、小さな傷なら補修で済ますのが一般的だが、痕が目立つかどうかの受け止め方には個人差もあり、トラブルに発展することも少なくない。

保証品質を保てるか

住宅建築ではそうした事態を想定した事前の取り決めがトラブル防止につながる。NPO法人住環境健康情報ネットワーク（愛知県一宮市）理事長の中井義也さんは「補修か張り替えかの基準を事前に決めて顧客に説明しておくとよい」と助言する。

中井さんの所属する住宅会社、東陽

住建（一宮市）では、「保証するのと同等の品質を補修によって確保できるかどうか」を基準にしている。例えば、コーティングを施した床材に深い傷が付いた場合、その性能が著しく低下したと考えられるため、張り替えとする。

住宅会社によっては、建て主の要望に応えて、傷が付いた部分のみ張り替えることもあるだろう。サネを切断して床材を剥がす方法では、新たな部材を接着することになる。後々、接着剤が弱くなって反りなどが生じた場合、再びクレームを受けることのないように、修理の方法もきちんと伝え、了解を得ておきたい。

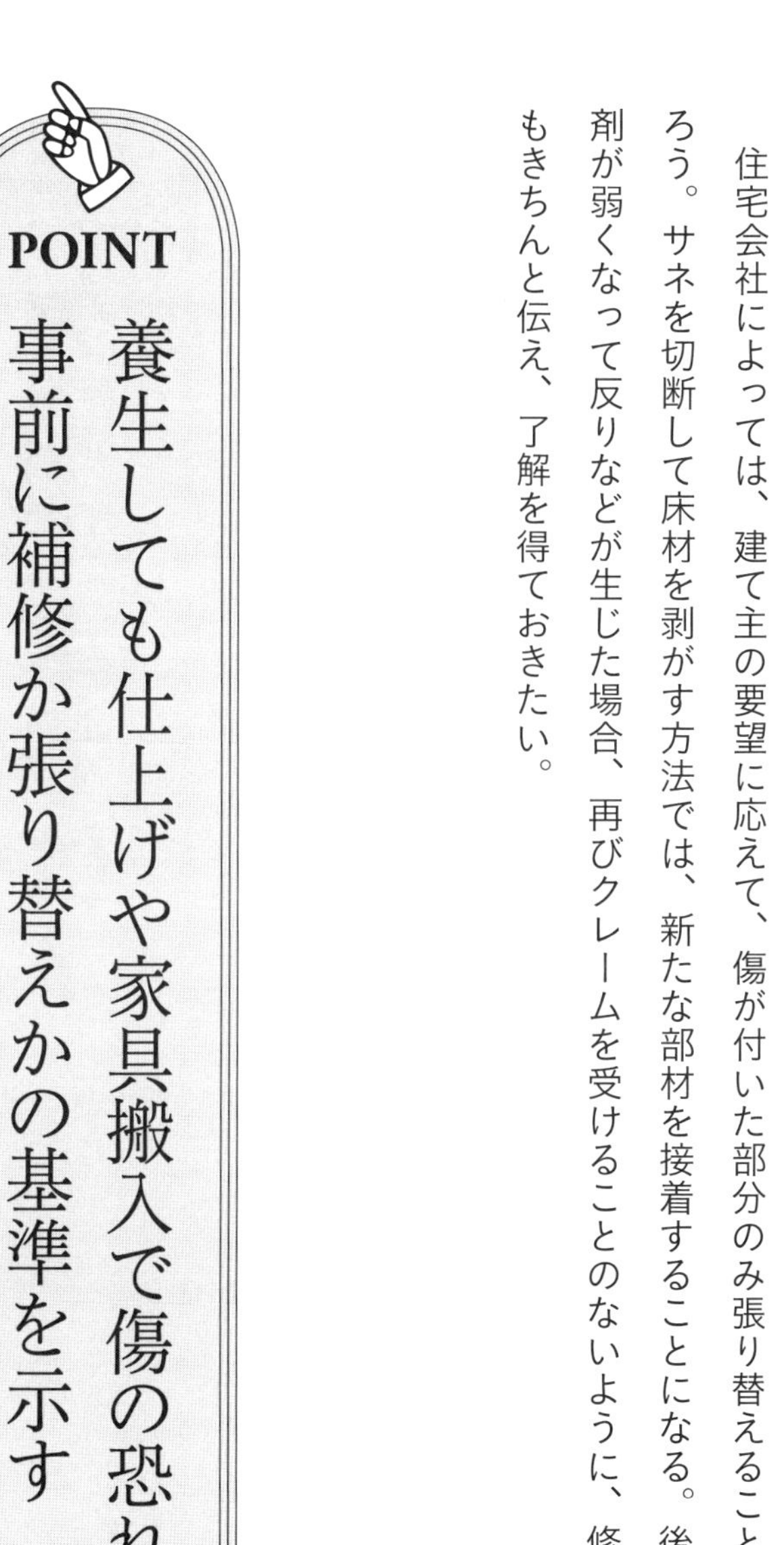

Claim File

14 土台の穴、欠陥工事では？

建て主のAさんは、木造戸建て住宅を建設中。自邸ができていく様子を見るのが楽しみで、毎日のように現場へ通っていた。

基礎が終わり、土台の工事が始まったある日、何気なく現場を見ていたときのこと。土台のアンカーボルトの脇に、もう一つ穴が開いているのを発見。驚いて土台をくまなく調べたところ、他にも穴の周囲の木材が欠けている箇所や、小さな亀裂が走っている部分が見つかった。

住宅の強度が落ちるのではないかと不安になったAさんは、工事を担当する住宅会社B社に対し、「傷を付けた木材を新しい材料と交換してほしい」と願い出た。

しかし、B社の営業マンは「この程度であれば、強度には関係ない。交換はできない」と言い、聞き入れてくれない。心配で仕方のないAさんは、B社の対応に不満を募らせ、「こんな会社は信用できない。これまで支払った代金を返してほしい」と要求した。これに対してB社からの返答は「中間金は返却するが、手付金は返却しない」というもの。納得のいかないAさんは、無料相談サイト「住宅の悩みとトラブル無料相談室」に相談した。

指摘受ける前に説明

間違えないように注意して施工すべきなのは当然だが、実際には、土台の穴開けミスを完全になくすことは難しい。また、土台の裏面からドリルで穴を開ける際に、表面側の木材が欠けたり、亀裂が入ったりしてしまうこともある。

NPO法人住環境健康情報ネットワーク（愛知県一宮市）理事長で、同サイトを運営する中井義也さんは「少々の穴や軽微な亀裂なら、強度上の影響

いけね、
間違った!!

はごくわずか。許容範囲内であることが多い」と話す。

一方で例えば、土台を分断したり、継ぎ手を損傷してしまったりした場合は、木材を交換する、補強するなどの対策が必要になる。

ただ、素人の建て主にとっては、どこまでが大丈夫なのか、判断が付きにくい。Ａさんのように、ただごとではないと感じるケースも少なくない。「まず、建て主から指摘される前に現況を示す。そのうえで、このままで問題ないのか、あるいは対策を予定しているのかを説明しておきたい」と中井さんはアドバイスする。トラブルに発展するのを予防するポイントだ。

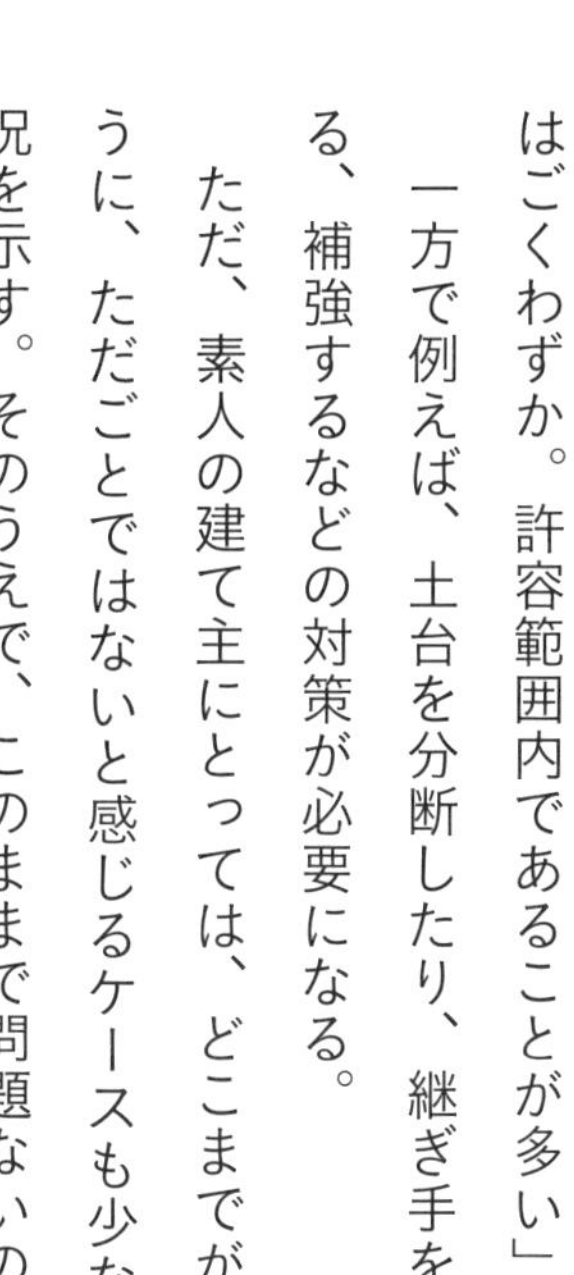

POINT

土台の穴開けミスは強度上問題なくても建て主から指摘される前に現況を説明

床の傾き、建て替えろ！

自宅を新築したAさんは、入居して早々に、床の傾きが気になりだした。たまらなくなり、欠陥住宅の建て主を支援するNPOに相談。傾きを計測してもらったところ、「傾いている箇所がある」との結果だった。

Aさんは驚くと同時に、傾きを欠陥と確信。建設を請け負った住宅会社B社に対し、「地盤沈下が起こっている。こんな家には住めないから、建て替えてくれ」と要求した。

困り果てたのはB社の社長Bさんだ。「誠実に対応したい」と思っていたものの、営業担当者は既に退職しており、詳しい事情が分からない。

Bさんは、住宅会社側に立ってトラブル相談を受けるMr.HAUS（ハンドルネーム）さんに助言を求めた。同氏はB社が、全国展開するフランチャイズチェーン（FC）に加盟していると聞き、まずそのFCの基準を確認。次にB社に残る打ち合わせ記録を探し出し、全体の経過を把握した。そのうえで、Aさんの了解を得て、詳細な計測を実施した。

自分勝手にデータを解釈

70カ所に及ぶ計測の結果、2カ所のみ住宅品質確保促進法の「レベル1」をやや超えていたものの、それ以外はすべてレベル1の範囲内だった。レベル1は「床傾斜が1000分の3未満の勾配」と規定され、「構造上主要な部分に瑕疵のある可能性は低い」と示されている。もちろん、加盟するFCの基準もクリアしていた。NPOに確認しても「建て替えなければならないような数字は出ていない」と言う。ではなぜ、Aさんは強硬に建て替えを主張したのか。

少し傾いて
ますね
ええ!?
2015.4.XX
NPO
調査報告

根本的な原因は、Ｂ社への不信感にあった。「勝手に追加工事をした」「オプション工事が本体価格に含まれないことを説明しなかった」など、実際には勘違いによるものだ。Ｂ社の記録から、営業マンはきちんと説明していたことが証明できた。床の傾きについても、最初から疑っていたため、ＮＰＯの出したデータを自分に都合のいいように解釈していた。Ｂさんが計測結果を丁寧に説明し、Ａさんの誤解はようやく消えた。

ハウスさんは「退職者の引き継ぎをきちんとしておくのは当然だが、クレームを受けたからといって逃げてはいけない。手順を踏んで問題点を抽出する。建て主に立ち会ってもらい、恐れずに現状を確認し、対策を示せば納得してもらえるはずだ」と話している。

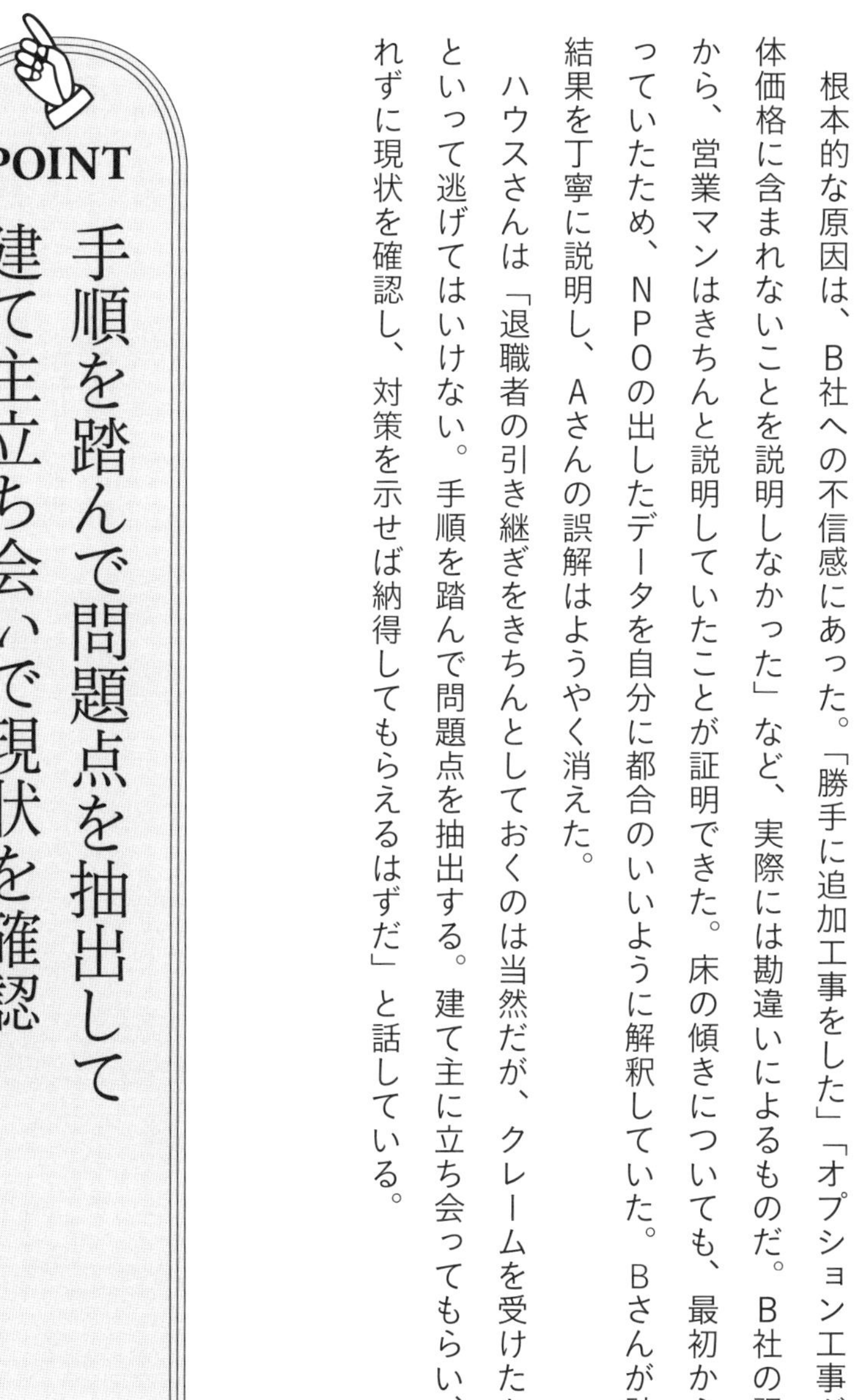

POINT

手順を踏んで問題点を抽出して建て主立ち会いで現状を確認

落ち度がなくてもクレームは発生

住宅リフォームにおける顧客クレームについて、日経ホームビルダーが住宅実務者向けに実施したアンケート調査の結果を紹介する（「調査概要」は31ページを参照）。

このコラム「プロに聞いた『リフォームトラブルの実相』」の②（54ページ）で、回答した住宅実務者が顧客から受けたクレームの内容や、トラブルの原因となった箇所などについて、傾向を示した。ここでは、実務者たちが過去に経験したトラブルの具体例について、自由記述の回答から抽出して以下の表にまとめた。

典型的な6つの原因

記述内容に目を通すと、トラブルの種類には一定の傾向がみられ、おおまかに7つのタイプに分類することができる。「イメージの相違」「養生不足」「施工・仕様ミス」「工期遅れ」「工事金額」「対応（顧客対応）」といった典型的タイプと、いずれにも該当

住宅リフォームで生じた顧客との印象的なトラブルは？

イメージの相違でトラブル

- 施工は問題なく行ったが、「音が思ったよりする」「思ったより寒い」など、「思ったより」という数値では表せないことに関するクレーム（工務店、愛知県）
- 顧客の要望で壁紙を貼り替えたが、家族の意向に沿っていないという理由で再度、貼り直したことがあった。家族間での話し合いができていなかった（工務店、大阪府）
- 「完成後のイメージが思っていたものと違う」「ここも直してもらえると思っていた」などの意思疎通の不足によるトラブル（地域住宅会社、千葉県）
- パースや図面でしっかりと説明したにもかかわらず、「こうなるとは思っていなかった」と言われた。議事録に残っていなくても「プレゼンでこう言ったはずだ」と言い張る（地域住宅会社、北海道）
- 顧客に「お任せします」と言われたが、完成後、不満を言われた（リフォーム専業会社、長野県）
- 塗装工事における色見本と実際に塗装した感じの違いでトラブルになった（建築設計事務所、神奈川県）
- クロス仕上げの陰影が何度もクレームとなり、貼り替えてもなかなか満足してもらえなかった。顧客を契約前に選びたいが、売り上げを考えると営業的には仕方がない（地域住宅会社、兵庫県）
- カタログとカット見本、現物サンプルの違い（工務店、兵庫県）
- 展開図や内観パースなどで了承しているにもかかわらず、完成箇所が「イメージと違う」と言われ、何度もやり直しさせられた（地域住宅会社、宮城県）
- 主観や思い込みでクレームを付けてくる顧客が多い（地域住宅会社、富山県）
- 壁の材料のイメージが違った（工務店、栃木県）

〔図6〕回答者自身や勤務先の経験のなかで印象的なトラブルを自由記述の回答で尋ねた。「イメージの相違」に起因するトラブルが多かった。「養生不足」や「施工・仕様ミス」のほか、「工期遅れ」や「工事金額」でのトラブルを挙げる意見も目立った

施工・仕様ミスでトラブル

- 協力会社の電気工事店が壁に電源接続の穴を開けて化粧プレートを取り付けたが、顧客に確認せずに実施したため、大きなクレームとなった（工務店、滋賀県）
- 水まわりの不具合が多い。トイレ詰まりの修理で現場に何度も出向いた（工務店、東京都）
- 外壁クラック補修で、5年でコーキング箇所のひび割れが目立ってきた（工務店、東京都）
- 建物半分を解体して残した部分に住みながらのリフォームで、解体部分との間の電線を1本切り離しておらず、解体部分で漏電してブレーカーが落ちた（地域住宅会社、石川県）
- 木製建具の開き戸と床の隙間が大きく、冷気が入ると言われた（地域ゼネコン、岩手県）
- 表装と建具枠の取り替えで、既存躯体の傾きがそのまま出た（地域ゼネコン、北海道）
- ショールームでの説明がメーカーの営業担当に伝わらず、希望のオプションが付いていなかった（工務店、大阪府）

養生不足でトラブル

- リフォーム工事の完了間際、朝現場に行くと床にマスキングテープで目印があり、「傷が無数にある」と指摘を受けた。虫眼鏡を使わなければ分からないような1mm以下のものだった。工事代の残金の減額と付帯工事の無償提供を要求された。さらに補修を床材メーカーに依頼してその費用はこちらの負担となった（地域ゼネコン、神奈川県）
- 床の小さな傷やボンドの拭き取り跡、床が滑ることへの指摘（工務店、静岡県）
- トイレ改修で床も新しくしたが、細かい傷がたくさん付いていた。「せっかく新しくしたのに残念だ」と言われた。後日、費用負担して補修専門会社で補修した（工務店、香川県）
- 引き渡した製品の傷の指摘。引き渡し段階にはなかったはずだが、顧客に最初から傷があったと言われた（工務店、新潟県）
- クロスの貼り替え時に、手すりを外して置いたのが顧客にとって大切なもらい物の花束の上で、花が変形して怒られた（地域ゼネコン、兵庫県）

工事金額でトラブル

- 工事完了後に請求書を持参した段階で、「100％満足しているわけではないので」と言われて、請求金額を満額もらえなかった（工務店、愛知県）
- 工事中に頼まれる見積もり外の「これもついでに」という工事の代金をもらえないケースが多い。工事管理者が常駐していればよいが、協力会社に顧客が直接依頼することもあって最後の精算でもめる（工務店、滋賀県）
- 解体後に想定外の傷んでいる箇所を発見し、修理の必要性を説明して修繕することとなったが、顧客の計画していた金額を超えたため苦言を呈された（工務店、岐阜県）
- 見積もりどおりの金額で施工したのに、値切ろうと怒鳴りつけられた（工務店、秋田県）
- 追加金額についての説明不足でトラブルになった（工務店、東京都）
- 当社が担当していない施工箇所まで当社の責任にされ、工事費をもらえなかったことがある（工務店、岐阜県）

工期遅れでトラブル

- 最近は協力会社が廃業となって工程がなかなか立てられず、迷惑をかけることが多くなった。また、高齢の顧客で、話がころころ変わるため、工事をなかなか開始できないことがあった（工務店、兵庫県）
- 足場が必要な外部の工事で、台風などの影響もあって工期が予定より大幅に延びたときに、足場をすぐに撤去してほしいとのクレーム。工事に必要だと説明してなんとか納得してもらった（工務店、岡山県）
- 打ち合わせで全ての商品を確定できずに工事をスタートしたため、工期が遅延した（工務店、埼玉県）
- 繁忙期だったため、業者手配が遅れたことによって工期内に工事が終わらなかった（工務店、新潟県）
- 契約工期どおりに工事が終わらずに顧客を怒らせた（地域住宅会社、広島県）

しない「その他」を合わせて7タイプだ。「養生不足」「施工・仕様ミス」「工期遅れ」など、プロ側に落ち度がある場合にクレームへと発展するのは当然。「対応」にあるように、担当者の言動が顧客に不信感を抱かせて、最終的に怒りを買ってしまう例もよく聞く話だ。

これらに対して「イメージの相違」はやや性質が異なる。「施工は問題なく行ったが、『音が思ったよりする』『思ったより寒い』など、『思ったより』という数値で表せないことに関するクレーム」「顧客から『お任せします』と言われたが、完成したら不満を言われた」などは、典型例だろう。

つまり、顧客と事前に合意したはずの設計や仕様であっても、あるいは施工の品質自体に問題がなかったとしても、クレームは発生するということだ。この種のクレームを回避するためには、家づくりのプロセス全体を通じて顧客へのきめ細かな説明と情報提供を充実することに尽きる。

その他のトラブル

●契約範囲の工事をしたら、「そこまできれいにしたなら、その付近もサービスで」と理不尽な要求をされた（工務店、新潟県）

●マンションのキッチン入れ替えで、キッチン部分と給排水接続の部分を交換し、その先の配管は共用部なので現状のままつなげたら詰まりを起こした。そこは触れない部分と説明したが、「お宅らプロでしょ」と言われ値切られた（工務店、兵庫県）

●工事に当たり、顧客の荷物を引き渡しまで無償で預かったら、一部の荷物が無くなったと言われ弁償させられた。預かる際に大事なものは自身で保管するよう伝えたが、好意が逆の結果になった（工務店、北海道）

●顧客が認知症であるのに気付かなかった。部屋のふすまを張り替えたら、「最初のボロボロのふすまのままでよかった」と言われて驚いた。たまたま同席していた介護士が顧客に発注したことを説明し、1枚だけ顧客の納得するふすま仕上げに戻して解決した（専門工事会社、福島県）

対応でトラブル

●トラブルの原因が分からず、顧客の不信感を招いて再クレームに発展したことがあった（地域ゼネコン、富山県）

●住みながらリフォームした際に、職人のささいな対応がトラブルに発展した（地域住宅会社、岩手県）

●工事担当者の誠実性の欠如が不信感を招いた（地域ゼネコン、兵庫県）

●近隣関係の濃い集落でのリフォームで、顧客は仮住まいしていたが、近隣住民が毎日のように工事の様子を顧客に報告し、顧客が不安になることがあった。適切な施工なのに「板金の破風に継ぎ目があるなんて信じられない」、大工が1日休んだだけで「大工が逃げたらしい」などとあおるようなことを言って、顧客との関係が悪くなった。こちらも信頼関係を築いて進めてきたが、近隣の長いつきあいにはかなわず。クレームではないが、近隣住民の憶測や推測による不確かな話が怖い（工務店、東京都）

Claim File

Part 4

建材・設備を巡るトラブル

建材・設備の性能について建て主が十分理解していなかったり、建築時の「建て主支給」や建て主による完成後の入れ替えなどに起因して発生したりするトラブルがある。回避策は、継続的できめ細かな顧客説明しかない。

Claim File

16 落雪で車などが破損、「天災ではない」

年末、中部地方のある地域に建つAさんの自宅で、屋根の太陽光発電パネルからの落雪によって、自動車のワイパーと郵便受けが破損する事故が起こった。Aさん宅は住宅会社が太陽光発電パネル付きで販売した分譲戸建て住宅で、その年の1月に引き渡されたばかりだった。

Aさんが住んでいるのは、年に何日か雪が降り、積雪も生じる地域だ。この冬は全国的に平年より降雪量が多く、平均気温が低かったため雪が積もりやすかった。事故への補償を求めたAさんに対し、住宅会社のB社は「天災による被害だから当社に責任はない。加入している住宅総合保険を利用してほしい」と告げた。

しかしAさんは納得できず、「郵便受けを設置したのもB社だ。雪が落ちる箇所に設置した責任があるのではないか」と、住宅リフォーム・紛争処理支援センターに相談。同センターの回答は、「天災による被害とは考えにくく、B社に責任が生じる可能性がある」という趣旨だった。

不法行為となる可能性

この件について、建築関連の紛争に詳しい弁護士の日置雅晴さんに見解を聞いてみた。

太陽光発電パネルは滑らかなガラスで覆われ、一般的な屋根材よりも明らかに落雪しやすい形状だ。パネル特有の落雪リスクは近年、国民生活センターや防災科学技術研究所といった公的な機関が広く告知している。

日置さんはこれらを根拠として、パネルからの落雪は天災とは言えず、そのリスクへの対策は住宅会社の責務になるという見方を示した。

メンテナンスフリーです。冬場も発電しますよ
地球を救うソーラーパワー
太陽光発電パネルは標準仕様です
ソーラーパネル

建築基準法や住宅品質確保促進法が、太陽光発電パネルの落雪対策を住宅会社の義務と定めているわけではない。しかし日置さんは、「住宅会社が太陽光発電パネルを自社の商品である住宅の一部分と位置付けている以上、パネルの安全対策を講じる責任も負う。標準仕様でもオプションの場合でも同様だ」としている。

安全対策が不十分だったために事故が起こった場合、住宅会社は民法上の責任を負う可能性もあるとするのが日置さんの見解だ。

では、住宅会社はどのような安全対策をとればよいか。日置さんは、「パネルからの落雪を予防、または軽減する。あるいは雪が落ちる箇所への人の立ち入りや物の設置を制限するなどして、被害を防ぐ措置が必要だろう」と述べている。

POINT

太陽光発電パネルを載せた住宅会社はパネルからの落雪事故の責任リスクも

Claim File

17 漏水でぬれぎぬ着せられ基礎まで直す羽目に

A工務店は10年ほど前、Bさんの自宅を新築した。当初、給湯の熱源はガスだったが、Bさんは数年後に電気給湯器を導入し、ついでに浴室の水栓も交換した。工事の依頼先は水道工事会社のC社で、A工務店やユニットバスを施工した設備工事会社は、全く関与しなかった。

それから間もなく、BさんからA工務店に、「浴室の水栓の根元から漏水している」と電話がかかってきた。激怒しているのを感じて、まずは迅速な対応が必要だと判断したA社長は、設備工事会社の担当者に現場へ急行してもらった。そのうえで自らもBさん宅へ向かった。

被害の規模を過大視？

設備工事会社の担当者が調べると、水栓につながる給水管が漏水を起こしていた。給水管は新築時の部材のままだったため、Bさんは新築時の施工に問題があったと考えてA社長に補修を求めたようだった。

A社長は、「水栓を交換したC社の工事に問題があったのではないか」と疑問を感じたが、口に出せる状況ではなかった。Bさんの怒りが激しいために、現場に先着していた設備工事会社の担当者も、既に給水管の補修に同意していた。

Bさんはさらに、「漏水が原因で地盤が緩み、不同沈下で基礎の側面に亀裂が入っている」と言い出した。A社長の目にはヘアクラックに過ぎないように見えたが、一方的にまくし立てるBさんに気押されて補修を承諾。打ち放しだった基礎の側面にモルタルを塗った。A工務店と設備工事会社は、諸

ここの漏水で
基礎まで
おかしくなった。
早く直してくれ
我々が
取り付けた
水栓と
違うぞ

経費を含めると200万~300万円相当の工事を無償で行う羽目になったという。

住宅関連のクレーム対応に詳しい青山CSプランニング（大阪市）の青山秀雄さんは、クレームがいかに強硬でもA工務店のような対応は避けるべきだと語る。「小規模な工務店にとって、無償の補修工事は特に痛手になるはず。本件のようなケースでも、顧客に言うべきことは言うのが基本だ」と語る。

漏水を速やかに止める必要がある状況でも、自社の責任ではないことを明言したうえで着手すべきだったとする。「その言動で顧客との関係が断絶するならそれでもよい。不当なクレームを黙って受け入れてしまうことは、より過大な要求を招く恐れがあるので、避けるべきだ」とするのが青山さんの考えだ。

Claim File

18 ネットで安く買うのがどうしてダメなの？

ＮＰＯ法人住宅長期保証支援センター（大阪市）は、新築住宅の建て主からの住宅相談で、住宅設備機器の建て主支給（施主支給）に関連して助言を求められたことがある。

建て主のＡさんは、契約を検討している住宅会社の見積書にあるキッチンの価格がインターネットで見た同じ製品の価格よりもかなり高いと感じ、「ネットで仕入れて支給したい」と申し入れた。しかし住宅会社の担当者が難色を示したため、「高い買い物をさせられるのは納得できない」と同センターの担当者に訴えた。

同センターは回答で、「金額だけで購入を判断すると不具合発生のリスクが大きくなる」と慎重な対応を勧めた。専務理事の鈴森素子さんは回答内容の補足として、「良心的な住宅会社なら、現場搬入や施工を円滑に進める経費を考慮して価格を決めている。一方、建て主支給の場合、製品販売のウェブサイトなどは、トラブル対策やデメリットの情報の開示が十分かどうか、注意が必要だ」と話す。

建て主支給を断りたい時は

　ネットでの買い物が一般化して久しい。そのうえ、資金計画などを背景に、安さに強くこだわる消費者が増えている。Ａさんのように、設備などを自ら支給して工事費を安くしたい建て主は少なくないだろう。

　一方、住宅会社やリフォーム会社としては、建て主支給の要望を受け入れたくない場合もあるはずだ。顧客に納得のうえで要望を取り下げてもらうには、住宅長期保証支援センターのコメントにあるように、自社の仕入れと建て主支給で価格が違う理由を分かりや

見積もりにあるのと同じ製品がこんなに安い！
システムキッチン
人気商品がなんと
60% OFF
お見積書
¥19,230,000
見積内訳

すぐ説明することが重要だ。

東京都内のあるリフォーム会社の対応事例を紹介しよう。この会社では、温水洗浄便座や照明器具など完成済み製品の場合は、要望があれば基本的に建て主支給を受け入れている。しかし一方で、より大型だったり、現場での組み立てが必要だったりする設備や家具などの建て主支給を望まれた場合は、製品自体の品質は同等でも設置工事の精度が下がる恐れがあることを説明して、建て主に再考を求めるようにしているという。

「例えば、図面上では矩形でも微妙にゆがんでいる現場に納めるため、設置工事の前に部品や部材の寸法を微調整することがある。建て主支給だとこうした工夫を行いにくい。現場の事情を顧客に伝えるようにしている」と、この会社の役員は話している。

POINT

建て主支給を断るなら理由は具体的に自社で仕入れるメリットの明示を

事前の説明とは大違い、寒くて暮らせない

家を新築したAさんは、住宅会社B社の営業マンに勧められるまま、床置き式の蓄熱暖房を採用した。「冬場でも半袖で過ごせる」という言葉を信じたからだ。ところが実際に住んでみると、設定温度を24℃にしても、寒くてたまらない。

Aさんは「これでは生活できない。何とかしてほしい」とB社に抗議。しかし、営業マンからは2週間以上たっても返事がない。仕方なく補助暖房を使うことにしたため、その分の電気代がかさむことに。インターネットで情報を集めるうちに、「暖房しても十分に暖かく感じないのは、断熱材が入っていないせいではないか」と考えるようになった。

納得がいかないAさんは、住まいの悩みに応えるNPO法人住環境健康情報ネットワーク（愛知県一宮市）にB社との交渉方法を相談することにした。理事長の中井義也さんは、「まず、暖房機の性能が部屋の広さに適しているのかということと、断熱の仕様がどうなっているのかについて確認することが重要だ。そのうえで、実際の生活が営業マンの話と大きく異なってしまった原因の説明と対応策を求めるように助言した」と説明する。

暖房方式で感じ方が異なる

蓄熱暖房は、安価な深夜電力を利用してレンガなどの蓄熱体に熱を蓄え、それを日中に少しずつ放熱して部屋を暖める仕組み。温風を循環させるエアコンやファンヒーターとは異なり、輻射熱で暖める暖房方式だ。

「温風ですぐに暖かく感じる対流式のエアコンに慣れている顧客の中には、輻射式の暖房に違和感を覚える人もいる。半袖で過ごせるような実例があるのかもしれないが、万人向けの説明ではない」と

冬場でも
半袖で過ごせ
ますよ
蓄熱暖房機

中井さんは指摘する。

蓄熱暖房はエアコンなどと比べて高価な設備であるだけに、顧客の期待度も高くなりがち。その利点を正しく伝えるのは必要なことだが、大げさな表現は控えたい。

顧客は説明どおりの効果を実感できなければ、設備への不満が高じて家全体に不信感を抱かないとも限らない。中井さんは「設備を付属物と軽視せず、情報を的確に伝えることが大切だ」と話す。Ａさんが断熱材の不備を疑ったように顧客がほかの部位にも疑問を持つ場合は、施工写真を見せて説明を尽くすなどの配慮も欠かせない。

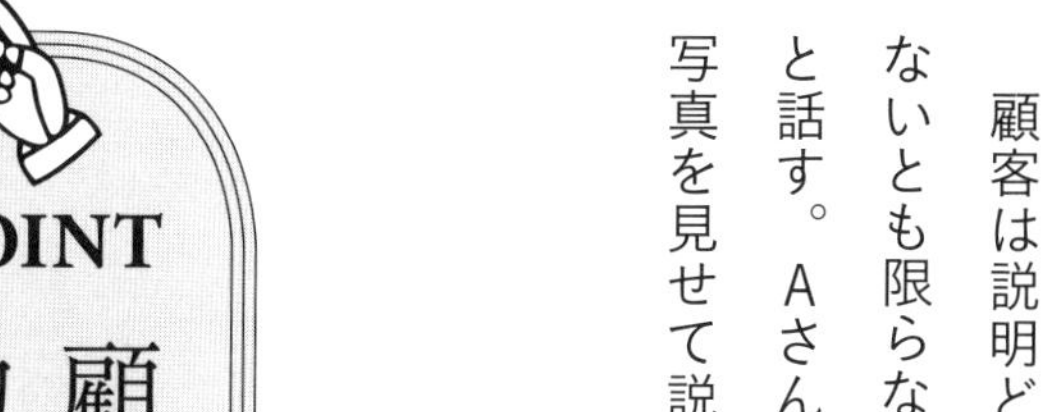

POINT

顧客は説明どおりの性能を期待するもの
的確な提案で不満の芽を摘む努力を

Claim File 20 フローリングにカビ、設備の説明聞いてない

ある朝、建て主Aさんの妻は、フローリングの一部に点々と黒いシミが付いているのに気が付いた。子どもが寝ていた布団を上げようとしたときのことだ。よく見ると、黒カビのようだった。家を新築したのは1年半前だが、フローリングの上に布団を敷いて寝るようになったのは最近のことだ。

驚いた妻は、家を建ててもらった住宅会社B社に連絡。様子を見に来た設計担当者は「24時間換気の換気扇を稼働させていないことが原因だ」と言う。妻にとって、寝耳に水の話だった。「そんな説明は受けていない。知らなかった」と反論した。

だが、B社にしてみれば、換気計画の留意点は引き渡しのときに当然、説明しているはず。「『言った、言わない』の水掛け論になるし、24時間換気のスイッチを切らないことは常識」と、取り合ってくれない。納得できないAさんの妻は、NPO法人住環境健康情報ネットワーク（愛知県一宮市）にアドバイスを求めた。

同法人理事長の中井義也さんは「このケースでは、カビの直接的な原因は、子どもの汗を吸った布団を敷きっ放しにしたことだと思う」と前置きして、次のように説明する。「カビがきっかけとなって、住まい手が設備の使用方法を理解していないことが発覚した。このような重要な事項をきちんと伝えていない、もしくは伝えたつもりでも伝わっていないことの方が問題だ」

説明書に沿った使用を促す

24時間換気システムを常時稼働させておかなければならないことは、住宅のプロの間では常識。しかしながら、

設備機器の
資料です
O.X.△

住まい手を含む一般社会にまで浸透しているとは限らない。分かり切ったこととなおざりにせず、丁寧な説明を心掛けたい。

さらに最近は、太陽光発電やHEMS（ホームエネルギーマネジメントシステム）など、新しい設備を導入する機会が増えている。中井さんが受ける相談も、こうした設備に関するものが多いという。「引き渡し時にメーカーに説明してもらうのが理想だが、そうでない場合は、説明書をよく読み、その通りに使用してもらうように建て主に念押ししておきたい」と中井さんは勧める。

設備に関しては、保証期間を巡るトラブルも多い。建て主と一緒に保証書を確認しておくと、先々まで安心だ。

POINT

設備の使い方を「伝えたはず」では不十分 建て主と一緒に説明書などを確認したい

重い家具を置くと沈む悩ましいふわふわの床

中古マンションを購入したAさん夫妻。入居してまもなく、ふわふわする床に悩まされるようになった。困ったのは、重い家具を置くと、その部分の床が沈むことだ。壁際に置いた収納家具はバランスの関係でやや前傾し、壁との間に隙間が空いてしまう。

Aさん夫妻は内覧のとき、収納スペースの少なさが気になったが、「壁側に収納を置けばいい」と考えて購入を決めた。だが、こんな状況では危なくて仕方ない。

遮音性が「ふわふわ感」に影響

マンションでは多くの場合、管理規約などで床の遮音性が定められている。一般的な性能水準は、軽量床衝撃音遮音等級LL－45（ΔLL－4）を満足するレベルだろう。Aさんのマンションもそうだった。

マンション用の直張り工法の床仕上げ材で遮音性をうたったものの多くは、裏面にクッション材を採用している。その材質や厚さが「ふわふわ感」の原因になる。

住まいの悩みに応えるNPO法人住環境健康情報ネットワーク（愛知県一宮市）理事長の中井義也さんは、「LL－45の床がふわふわするという相談はよくある。家具による床の沈みが気になるのであれば、壁面収納を造作する方法もある」と話す。ただ、構造壁にはビスなどを打てないことがほとんどだ。管理規約などを見て、リフォームで取り付けられるかどうかを確認する必要がある。

多少大掛かりなリフォームが可能であれば、直張りの床仕上げ材を剥がし、

使い勝手が
良さそう!

支持脚の上にボードを張って二重床にする方法も考えられる。床の高さが上がるので、階高が低いマンションでは事前の検討が必要だ。また、条件によっては、床とスラブが共振して大きな音になって下階に伝わってしまう可能性もあるので、顧客と十分に話し合っておきたい。

「床が沈むかどうかは、実際に家具を置いてみるまでなかなか分からないもの」と中井さん。中古マンションの内覧では、顧客はキッチンやバスルームの設備などに気を取られがちで、床の硬さの違いなどへの関心はそれほど高くない。

トラブルを避けるためには、不動産会社の担当者は顧客に対して、遮音性と床の柔らかさの関係や、家具が沈む可能性のあることなどを契約前に説明しておくのがいいだろう。

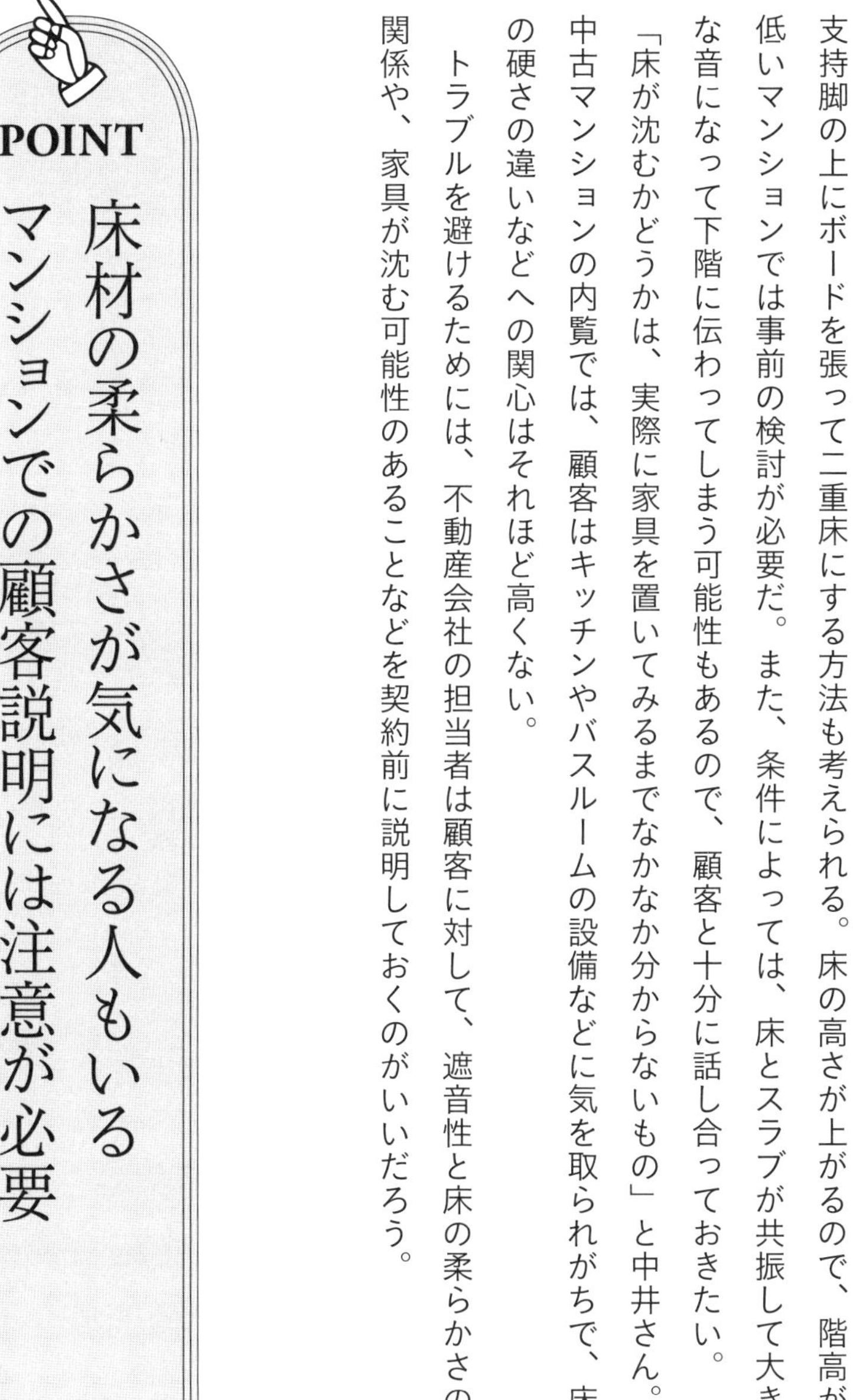

POINT

床材の柔らかさが気になる人もいる
マンションでの顧客説明には注意が必要

追加費用は8割が「自社で全額負担」

住宅リフォームにおける顧客クレームについて、日経ホームビルダーが住宅実務者向けに実施したアンケート調査の結果を紹介する（「調査概要」は31ページを参照）。

設計や施工に落ち度がなくても、顧客が満足しなければ、手直しや補修を求められることは少なくない。アンケートの回答結果では、クレームを受けて工事中のやり直しや完成後の手直し・補修を実施した実務者は、全体の9割弱に上った〔図7〕。

こうした手直しで発生する追加費用は全体の8割強の実務者が「自社で全額負担するケースが多い」と回答。「顧客と分担するケースが多い」との回答と合わせると全体の97・2％に当たり、ほぼ全ての回答者が追加費用の全部・一部を自社で負担している実態が見て取れる〔図8〕。

Q 工事中のやり直しや完成後の手直し・補修を実施したケースは?

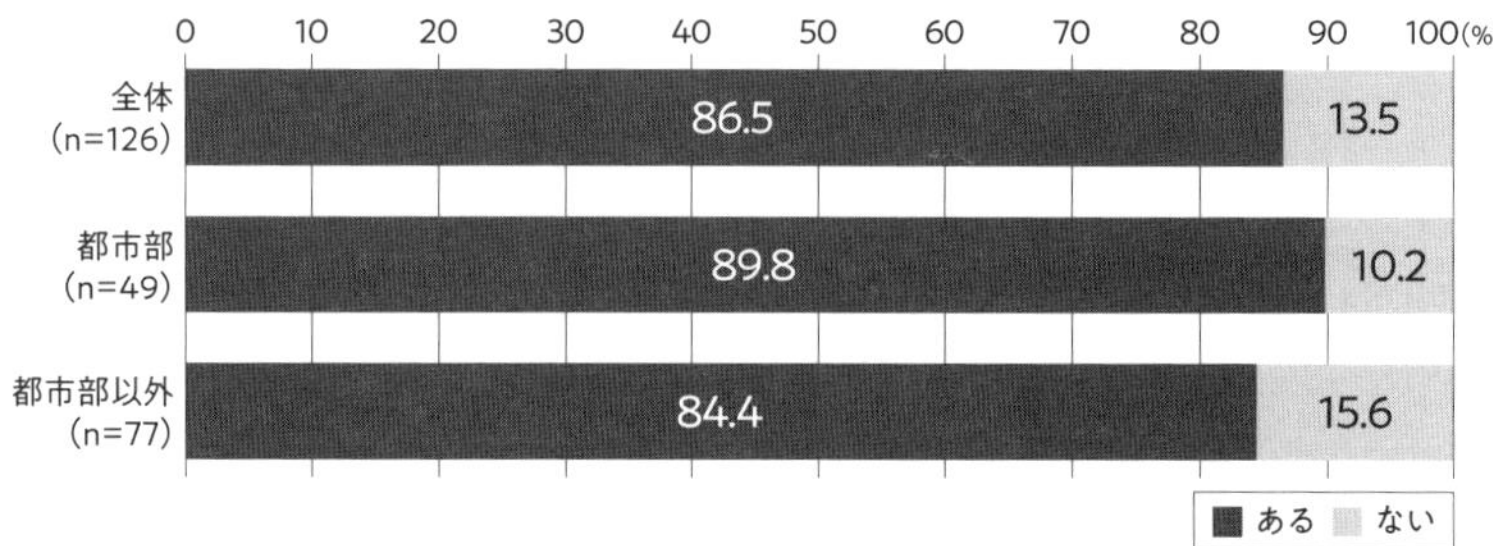

〔図7〕不満やクレームの内容（図3）で、「施工ミスはないがリフォーム箇所に関する不満・クレーム」「リフォーム箇所での施工ミスによる不満・クレーム」「工事に伴って生じたリフォーム箇所以外の不具合」と回答した実務者に尋ねた

Q やり直しや修補を実施する際の追加費用の負担は?

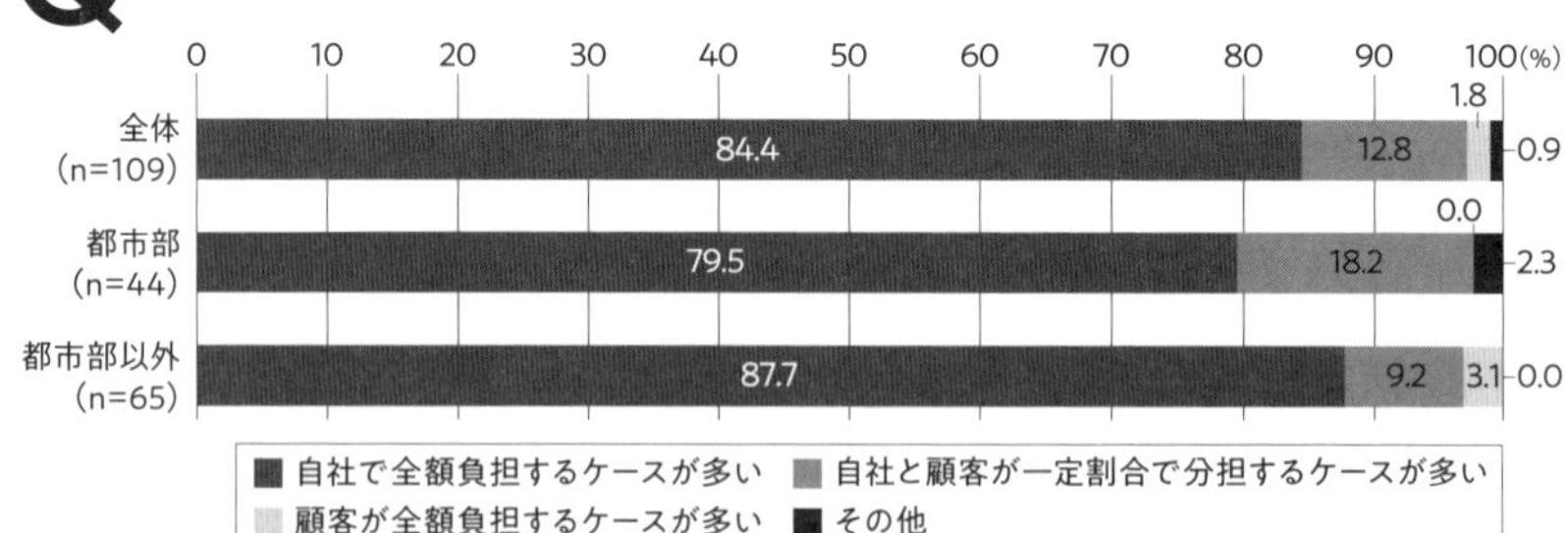

〔図8〕やり直しや手直し・補修を実施したケース（図7）が「ある」と回答した実務者に尋ねた。「自社で全額負担するケースが多い」と「自社と顧客が一定割合で分担するケースが多い」とを合わせると約97％で、ほぼ全ての実務者が費用を自社で負担していると回答した

Claim File

Part 5

途中変更を巡るトラブル

プロ側からの提案でも、建て主の強い要望でも、一度確定した設計を途中で変更することはリスクをはらんでいる。変更の具体的な内容はもちろん、工費への影響などの情報は迅速かつ正確に建て主と共有する必要がある。

設計変更の事後報告？ふざけないでよ

40歳代の女性のAさんは、現住所から遠く離れた地域にあるマンションの住戸を買い、リフォームすることにした。築30年を超える物件だ。内装の更新や間取り変更などを約３００万円で建設会社Ｂ社に発注した。

設計の段階ではＡさんは何回か現地へ赴いて、現況の図面やリフォームの設計図書を見ながらＢ社と打ち合わせをした。設計が固まり、着工した後は現地へ行かず、Ｂ社との連絡は電話だけで取り合うことにした。遠隔地の現場へ行くのは難儀だったためだ。設計が固まった以上、後は現場へ行かなくても工事は図面どおりに進行すると思っていた。

洗面所の間口などが変更に

ある日、Ｂ社の担当者から電話で間取り変更の連絡が来た。洗面所の出入り口の幅を設計時の７５０㎜から６００㎜に、寝室の広さを約６畳から約５畳に変えるという内容だ。そのとき

B社は間仕切り壁の設置を終えていた。変更の連絡が事後報告だったためにAさんは怒った。

Aさんは住宅リフォーム・紛争処理支援センターに相談。工事のやり直しをB社に求められるかと尋ねた。同センターは、「B社が勝手な判断で間取りを変更したのならば契約不履行となり、Aさんはやり直しを請求できる場合もある」と答えた。

B社がなぜ着工後に間取りを変更しようとしたのかや、事前にAさんの了解を得ようとしなかった理由ははっきりしない。着工後の連絡手段となった電話が、間取り変更の説明に不向きだ

150㎜足りないけどいいですね？
Aさんには後で、電話で伝えておけばいいだろう

ったことは確かだ。

東京都内のあるリフォーム会社は、着工後に間取り変更の必要が生じると、必ず事前に図面で顧客に説明して了解を得るという。「図面を電子メールで送れない場合は郵送する。場合によっては社員が持っていく。手間は掛かるが、顧客に無断で間取りを変えるのは禁物だ」と、同社で接客を担当する責任者は話している。

この会社によると、マンションのリフォームで洗面所のような水まわりの間取りは、着工後に変えざるを得なくなることが珍しくない。よくある原因は上下水道など配管類が通っているパイプシャフトの位置だ。竣工図と異なることが着工後に分かる場合もある。「洗面所の出入り口は、住まい手が洗濯物を抱えて行き来することが多いので、寸法は重要だ」とこの責任者は付け加える。

POINT

間取りは顧客に無断で変えない
事前に図面を見せて了解を得る

Claim File

23 顧客の金払いはタイミング次第

Ａ工務店は住宅や商業施設のリフォームを手掛けるほか、戸建て住宅の新築も年に１、２件請け負っている。あるとき知り合いの設計事務所の紹介で、30歳代後半の建て主のＢさんと新築の契約を結んだ。Ｂさんは子どもが２人いて予算にあまり余裕がなかったが、請負金額は約２０００万円で坪単価が60万円程度と、ややグレードの高い住宅だった。

設計事務所が作成した設計図書では、下駄箱や洗面化粧台など一部の家具や設備機器の仕様が未定になっていた。そのため、Ａ工務店社長のＡさんは契約を結ぶ際に、とりあえずごく標準的な製品を想定して見積もりを出していた。

仕様変更で追加金が発生

着工後、下駄箱などを注文する時期が近くなると、想定した製品をカタログでＢさんに示して、「これでいいですか」と聞いた。

Bさんは家具や設備に関して標準的な製品では満足せず、いくつかの製品を、より高いグレードのものに変更した。この仕様変更で請負金額は合計で約50万円の増額となった。

Aさんは Bさんが個々の製品を変更するたびに、標準的な製品と比べていくら高くなるかを口頭で伝えていた。しかし書面で正式に追加見積もりを提出したのは完成後、最終金の支払いと同時だった。見積書を示す必要性は施工中から感じていたが、多忙で手が回らなかったという。

請負金額の増額に対し、Bさんは「そんな金額になるのか。いまさら言われてもなあ」と首を縦に振らない。説得を断

これがいい！
追加見積もりが必要になるな…
これにしよう！
System Kitchen
家具カタログ

念したAさんは、増額分を半分に値引きすることで妥協した。

注文住宅やリフォームの着工後に、何らかの理由で追加金が発生することはしばしばある。顧客にスムーズに承認してもらうには、見積もりを出すタイミングも影響するようだ。

住宅会社のクレーム対策のコンサルティングを手掛ける青山CSプランニング（大阪市）の青山秀雄さんは、「最終金の支払いがある引き渡し時は良いタイミングではない。建て主が1000万円単位の買い物をした現実に直面して、お金に関してシビアになりがちだからだ」と話す。

追加見積もりは一般に施工中に示すほうが認められやすいという。「工事をしっかりやってもらうため、施工者との関係を良好に保ちたい気持ちが影響する場合もあるようだ」と青山さんは推測する。

POINT
追加金は最終金と同時でなく発生時に書面で顧客に伝える

Claim File

24 設計変更の追加分が不当に高いのでは

「こんな追加請求、納得できない」。電話の声は明らかに怒気を含んでいる。建て主のAさんからだった。「Aさんの見積もりの調整は無事に済んでいたはずだが……」。住宅CMサービス広島（広島市）の代表、若本修治さんは首をひねった。

若本さんは建て主の代理人として、住宅会社との交渉や打ち合わせなどのマネジメントを主な業務としている。さっそくAさん宅を工事中の住宅会社B社に確認したところ、電気工事会社から約50万円の追加請求があったのだという。

確かに、Aさんのこだわりを反映して、家庭内LANの配線の範囲が広くなり、照明器具やスイッチ類の仕様変更もあったので、契約時の見積もりから多少のコストアップが想定され、そのことについてはAさんの了解も得ていた。

その後、電気工事会社からB社に送られてきた追加分の請求書では、広がった分の施工範囲に単価を掛け算し、増えた施工日数の分も見積もっていた。「当初よりも手間の掛かる内容になったから、このくらいの増額になるのも仕方がない。単価も妥当」と判断したB社のB社長は、その金額に自社の経費15%を上乗せし、Aさんに請求書を送ったのだった。

自社の常識が通らないことも

若本さんはまずB社長に次のように連絡を入れた。「追加請求の金額が、材料費と施工手間と経費を足し算したもので、不当に水増ししているわけではないことは理解できた。しかし、本当に必要な金額なのかを査定していないのでは」

手間が掛かったといっても、人工が大幅に増えたわけではない。B社の管理業

何とか
なりませんか？
しょうがない…
FAX
お見積り
¥000,000

務も変更前と大きく変わらないのに、経費を一律で15％上乗せするのも雑過ぎる。B社のこれまでの商慣習に則した請求だったとしても、建て主の理解を得られるとは限らないということを、若本さんはB社長に説明した。

「B社は下請け会社からの請求額の内容についてもっと丁寧に見積もりの精査を行うべきだった。そのうえで建て主に根拠を示して説明していればトラブルにはならなかったのかもしれない」と若本さんは話す。

その後、B社長はAさんに謝罪したうえで、電気工事会社と追加請求額についてコストダウンを検討。Aさんの了解を得て請求し直したという。

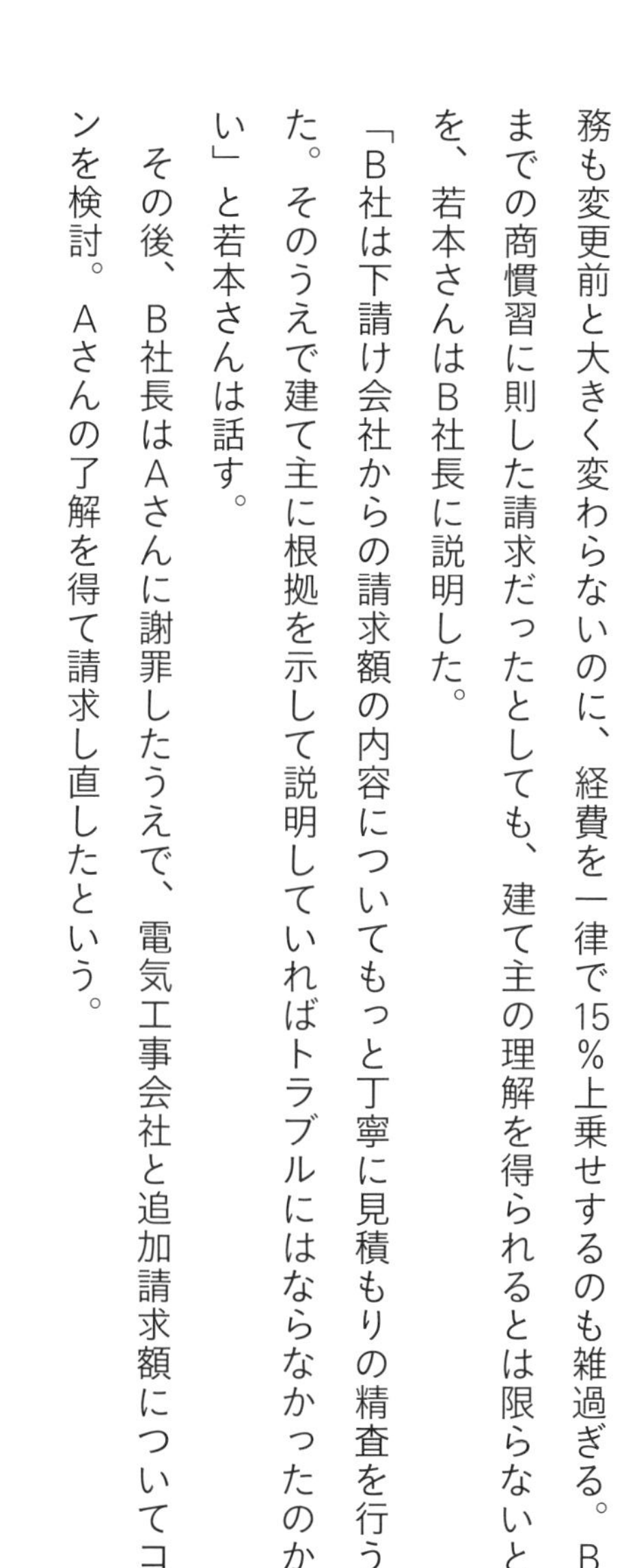

POINT

増額の根拠を十分に説明して建て主の理解を得る努力を

25 大工の手間は無料じゃないの？

A工務店は社員2人の会社。新たに経験者のBさんを社員に採用して、今までA社長が担当していた営業やプレゼンテーションの業務を、ある程度任せることにした。

Bさんが担当した顧客のCさんの現場でのことだ。雨が続き工程が遅れてしまった。Bさんは挽回を試みたが、カーポートなどの外構工事が1週間ほど遅れる見込みとなった。

このままでは、Cさんが仮住まいから引っ越す日程を変更せざるを得なくなる。運悪く月をまたぐタイミングだったので、変更すると1カ月分の家賃が追加で発生する。そのうえ、賃貸契約の更新時期にも重なるため、更新料としてさらに1カ月分を上乗せしなければならない。この状況に、Cさんは「突貫で工期内に収めるか、2カ月分の家賃を補償しろ」とBさんに迫った。

突貫工事は無理な話だ。だが、30万円を超える家賃の補償も難しい。Bさんは外構工事中の引っ越しを考えたが、あいにく、玄関に隣接したカーポートのコンクリートが固まるまでは、玄関から荷物を運び込めない。

もめ事に発展しそうな雰囲気を察知したA社長は、担当のBさんを飛び越えてCさんに直接提案した。「掃き出し窓にデッキを設ければ、外構が工事中でも引っ越しできる。デッキ材は無料にするからどうか納得してほしい。ただ、大工の手間はみてください」。Cさんに不満は残ったが、「無料なら…」と了承した。

専門用語は伝わらない

引っ越しが終わった頃、請求書と明細を持ってBさんはCさんの家を訪ねた。なごやかに話していたCさん。だ

これが
火種！
そういえば、あの時…
デッキの材料費は
無料にします
大工の手間だけ
みてください
それなら
お願いします
無料なら
いいか…

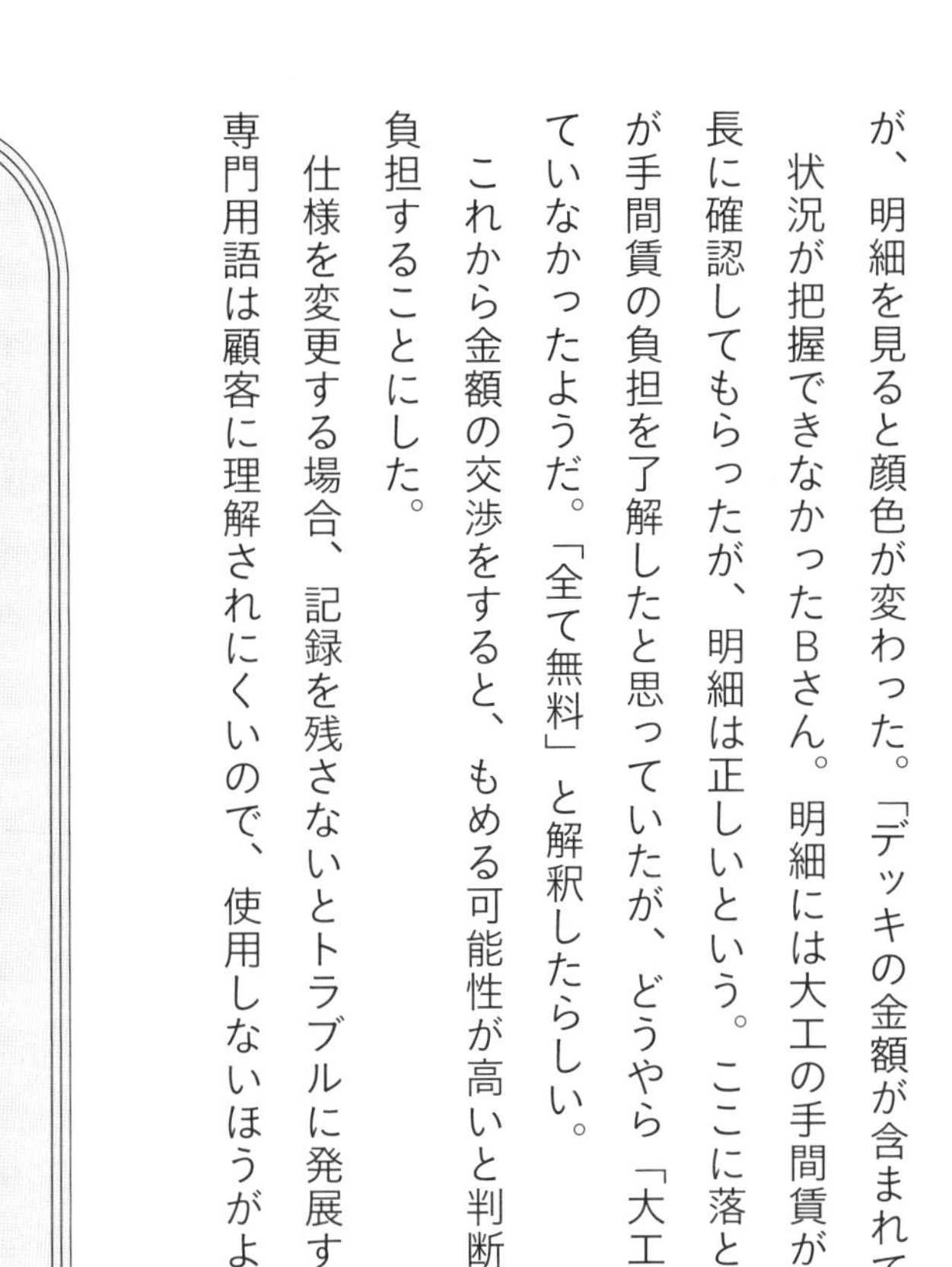

が、明細を見ると顔色が変わった。「デッキの金額が含まれている！」

状況が把握できなかったＢさん。明細には大工の手間賃が計上されていた。持ち帰ってＡ社長に確認してもらったが、明細は正しいという。ここに落とし穴があった。Ａ社長は、Ｃさんが手間賃の負担を了解したと思っていたが、どうやら「大工の手間」の意味をＣさんは理解していなかったようだ。「全て無料」と解釈したらしい。

これから金額の交渉をすると、もめる可能性が高いと判断したＡ社長。手間賃はＡ工務店が負担することにした。

仕様を変更する場合、記録を残さないとトラブルに発展する恐れがあるので要注意だ。特に専門用語は顧客に理解されにくいので、使用しないほうがよい。

POINT

仕様変更時には必ず記録を残し誤解を招く専門用語は使わない

着工前のコミュニケーションが要

住宅リフォームの顧客クレームについて、日経ホームビルダーが住宅実務者向けに実施したアンケート調査の結果を紹介する（「調査概要」は31ページを参照）。

顧客からのクレームがこじれてトラブルに発展すると、実務者側には追加の費用負担なども含めて、大きなリスクが生じる（106ページの本コラム④を参照）。

アンケート調査でトラブル防止策について尋ねた自由記述の回答を「着工前の対策」「施工中の対策」「トラブル時・施工後の対策」で整理すると、「着工前」が圧倒的に多かった。

「仕事を受けない」も対策に

「着工前」の具体的な対策で、基本となるのは顧客とのコミュニケ

Q トラブルを防ぐために実施している対策は？

〔図10〕回答者自身や勤務先の取り組み、気を付けていることを自由記述の回答で尋ねた。「着工前」の対策が圧倒的に多かった。顧客とのコミュニケーションの重要性を挙げる声が目立つ

着工前の対策

- トラブル防止には、調査・打ち合わせ・確認・納得が最重要。協力会社と顧客が「目で見て確認・納得」を徹底している（工務店、大阪府）
- どこにどんな不満を感じているのかを具体的にヒアリング。その後、工事計画と建物調査を同時並行で進めて仕様および設計内容をまとめる。さらに予算が確定しているケースでは工事内容に優先順位を付けて見積もりを提示する（工務店、愛知県）
- 綿密な打ち合わせと、それに基づく見積もりの提出。顧客が十分、納得してから工事に着手する。コストだけを追求する顧客は原則、お断りしている（地域ゼネコン、神奈川県）
- 顧客に良いことばかりの説明はしない（工務店、福島県）
- 頻繁に連絡を取り合うなど、顧客との関係が良くなるよう心掛けている（工務店、岐阜県）
- 「お任せ」と言われても、必ずサンプルやカタログで確認してもらう（工務店、愛知県）
- 写真ではなく、現物の色見本などによる打ち合わせを実施している（工務店、福岡県）
- 極力、サンプルを取り寄せてショールームに足を運んでもらう（地域住宅会社、富山県）
- リフォーム完了後のイメージ写真を見てもらい、イメージギャップをなくすようにしている（地域住宅会社、栃木県）
- 顧客の家族も納得しているか。出来上がりをパースなどで見せる（工務店、大阪府）
- 現況調査の徹底。下地など不明確な部分については見積もりに追加工事費が発生する旨を明記する（工務店、神奈川県）
- 心配な箇所は最悪の事態を事前に説明する。納得いただけなければ仕事を断る（工務店、群馬県）

ーションの徹底。例えば、完成後のイメージ共有や打ち合わせの記録・確認での工夫だ。着工後に分かる劣化があることも、顧客に理解してもらう必要がある。

「顧客に良いことばかり説明しない」「『お任せ』と言われても、必ずサンプルやカタログで確認してもらう」「顧客の家族も納得しているか。出来上がりをパースなどで見せる」といった回答は、きめ細かなコミュニケーションで注意すべき点を浮かび上がらせている。リスクの排除を重視して、「契約前に（コミュニケーションなどの面で）違和感を覚えた顧客の仕事は受けない」と回答した実務者もいた。

「施工中」の対策も、ベースは「着工前」に近い。「トラブル時・施工後」では、対応の迅速さが一層重要になる。

- ●漏水やシロアリなどの被害に関しては見積もりや契約書に一筆明記し、問題が起きた場合には、顧客と当社、協力会社の3者が立ち会ってその都度協議している（工務店、滋賀県）
- ●既存の図面がない場合、解体しないとリフォーム工事の内容が決められないことが多い。その際は別途、見積もりということを確認する（地域住宅会社、石川県）
- ●工事の取り合い部分（工事する部分としない部分）を説明する。追加工事が発生する可能性のある部分とその場合のおおまかな費用を事前に説明する（地域住宅会社、千葉県）
- ●仕様が完璧に決まるまで工事をスタートしない（工務店、埼玉県）
- ●工事内容と範囲、進め方などを丁寧に説明し、理解したかを確認。「言った」「言わない」のトラブル防止のため、必ず書面やメールに残すようにする（工務店、新潟県）
- ●打ち合わせ記録を映像で残している（建築設計事務所、岐阜県）
- ●打ち合わせに打ち合わせを重ねること。書面を互いに持つこと。後はいかに親密になるか。親密になったうえで精一杯の誠意と行動を見せれば、だいたいは解決する。中途半端な対応はかえって傷を深くする（工務店、大阪府）
- ●決定時には必ず打ち合わせシートにサインをもらって複写を渡す（工務店、兵庫県）
- ●契約の段階で綿密な書面を用意しておくことが大事（建築設計事務所、栃木県）
- ●工事着手前の近隣住民やマンション入居者への工事連絡書の送付。工事中の連絡先を明記している（地域ゼネコン、東京都）
- ●見積もりの中で対応できるように金額提示に余裕をみる。ギリギリの金額を提示しない（地域住宅会社、広島県）
- ●初めて使う部材・機器などは、ネットの情報などで念入りに確認する（工務店、東京都）
- ●不慣れな建材を採用せざるを得ないときは、建材メーカーなどにトラブル事例の開示を求める（地域ゼネコン、福井県）
- ●顧客との打ち合わせには職人を交え、間違いのないようにする（地域ゼネコン、愛知県）
- ●丁寧な伝達と確認を施工者含めて3者で行う（工務店、東京都）
- ●契約前に違和感を覚えた顧客の仕事は受けない（リフォーム専業会社、東京都）
- ●打ち合わせ段階で顧客の性格などくみ取る（工務店、福井県）

施工中の対策

●顧客との打ち合わせを施工前だけでなく施工中も綿密に行い、毎日現場をチェックする（工務店、山形県）

●休工にする際は必ず伝える。工程をしっかりと事前に伝える（工務店、岐阜県）

●打ち合わせ内容をメモし、可能な限り顧客の要望に応える。金額に変更があった場合、迅速に伝える。口頭だけでなく図面や資料で納まりなどを伝える（工務店、京都府）

●都度、顧客と打ち合わせて、独断で工事を進めない（工務店、愛知県）

●直施工なので聞き間違えはない。打ち合わせ表をつくって決定日を書き、定期的に現場で打ち合わせしている（地域住宅会社、兵庫県）

●なるべく顧客と話すこと、工事中の現場を見てもらうこと。会わない間に、不安から良からぬ考えに至ることもある。現場を見ないと状況を理解してもらえない（工務店、東京都）

●工事が始まってからも細かい変更など対応すべきことが多い。打ち合わせ記録を残したり、顧客や協力会社にもその都度確認したりする（リフォーム専業会社、秋田県）

●施工中に希望が変わるので現場でも打ち合わせしながら工事を進める（工務店、広島県）

●表装のみのリフォームのときは、積算段階で躯体によるゆがみや下地のジョイントなどについて説明する。階段や廊下の養生を徹底する（地域ゼネコン、北海道）

●図面で必ず顧客の確認を取り、余裕のある工程を心掛けている（地域住宅会社、宮城県）

●見積もりにないことが施工中に見つかったら、すぐに費用に関して顧客と打ち合わせする（工務店、岡山県）

●解体時の現場での顧客との確認作業（事前に既設建物の状況による変更の可能性に触れておく）。毎日の清掃と、ゴミもできるだけ置きっ放しにせず持ち帰る（工務店、愛知県）

●工事中の生活環境をできる限り良くできるように努力している（地域住宅会社、長野県）

●金額、工期、周辺への騒音やほこりなどの説明（工務店、秋田県）

●小まめな掃除、養生、床板・外壁の色やクロス柄の再確認（工務店、静岡県）

●在宅でのリフォームの場合、荷物の管理。盗難の疑いをかけられないように現場担当者に確認する（地域ゼネコン、兵庫県）

●改修ではなるべく新築を手掛けた時と同じ職人が担当する（工務店、石川県）

●外注する協力会社を固定して認識を一致させる（工務店、宮城県）

●現場の担当者は新築時に施工した者を優先する（地域ゼネコン、静岡県）

トラブル時・施工後の対策

●顧客からの連絡はすぐに担当者に伝え、できるだけ速く対応する（リフォーム専業会社、徳島県）

●クレームがあった場合は、すぐに直接会って話を聞くこと。時間が空くと、感情面でトラブルになる（工務店、愛知県）

●トラブルやクレームの社内共有。事前説明書を随時更新している（工務店、大阪府）

●再発防止のための情報共有（工務店、岡山県）

●複数人での社内検査や顧客との立ち会い検査を実施し、より完璧な現場を目指している（工務店、新潟県）

●現場の担当者以外に完成検査を実施する（工務店、宮城県）

●住まい手の使い方による不具合が発生しないように、注意点をよく説明する（地域ゼネコン、愛知県）

●誠実な対応（建築設計事務所、大阪府）

Claim File

Part 6

建て主支給や自主施工を巡るトラブル

建て主がこだわりから建材・設備を自ら持ち込んだり、特に指定したりする例のほか、塗装などを自主施工する例がある。プロ側が後のトラブルを警戒しがちなケースだ。当初から建て主にリスクの十分な説明が欠かせない。

Claim File

26

建て主が塗った床、「表面がカチカチだ」

フローリングの塗装を「自分たちでやりたい」と建て主から言われるケースが、最近は増えている。Aさんが経営する工務店も例外ではなく、自主施工の工程や養生の方法を指導して喜ばれていた。

あるときAさんは、カフェ風の家を希望する趣味性の強い建て主Bさんの家を建てた。床材はBさんの希望で枠組壁工法用のツーバイシックス材に実加工を施し、広幅のフローリング材として用いた。この物件も、フローリングのクリア塗装をBさんが自主施工する計画だったので、Aさんは過去に塗りやすいと評判が良かった塗料を紹介した。

引き渡しから10日ほどたって、Bさんから電話があった。染み込まなかった塗料がそのまま固まって表面を覆ったというのだ。Aさんは急いでBさん宅に向かって現況を確認した。確かに塗料が表面に残って硬化していた。「アドバイスどおりにやったのに、表面がカチカチでムク材の質感が台無しになった」とBさんはぶぜんとした様子だ。

電話で曖昧に返答

実はAさんは、その3日ほど前にBさんから電話を受けていた。「塗料が染み込まず、表面がベタベタで乾かない」という相談だった。「染み込みが良い塗料なのだが」といぶかしく思ったが、仕事が忙しくて現地に出向く時間がない。やむなく「しばらくすれば染み込みます」と曖昧に返事をしていた。

現場を見て、改めて考えると、これまでAさんが手掛けた物件では、床材は全て浸透性の高いスギ材。一方でBさん宅に用いたツーバイシッ

塗料が
乾かないん
ですけど…
しばらくすれば
染み込みますよ
塗料

クス材はマツ系の材料で、ヤニを多く含むなど性状が異なる。染み込まなかった塗料を拭き取り、乾燥後に再度塗り込むなどの手順が必要だったとAさんは後悔した。

Bさん宅では、まず、床の表面を覆った塗料を何とかしなければならなかった。溶剤を使って拭き取ろうとしたがうまくいかず、結局、Aさんと現場監督の2人で丸1日掛けて、サンダーで表面を削り落とした。

現状復帰はうまくいき、再塗装もきれいに仕上がった。それでも現状復帰に掛けた手間とBさんの信頼を損なった代償は大きい。建て主による自主施工でも、サポートすれば工務店は責任を放棄するわけにはいかない。安易なアドバイスは禁物だといえる。

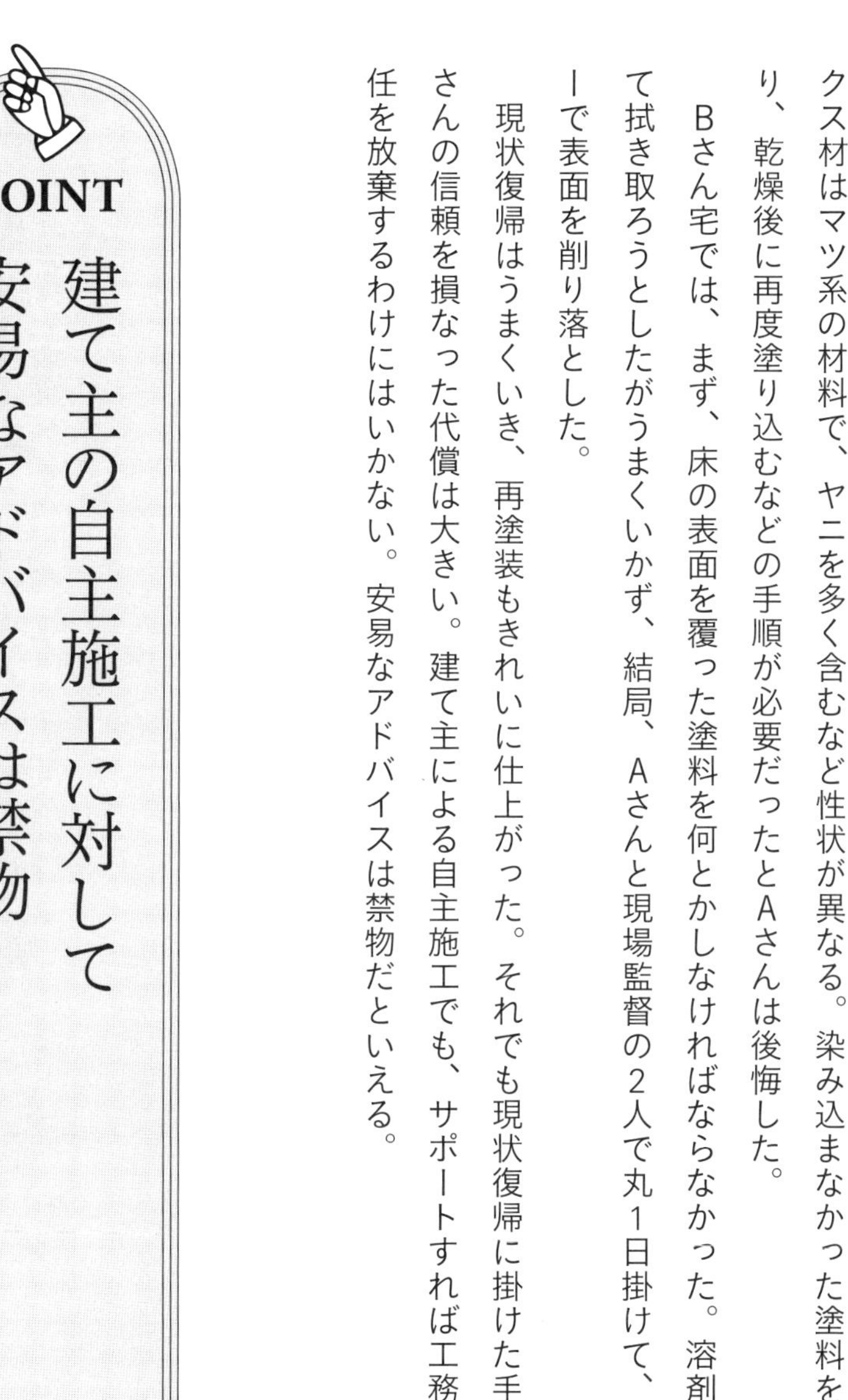

POINT

建て主の自主施工に対して安易なアドバイスは禁物

オーブンとコンロが設計どおりに収まらない

Aさんは、リーズナブルな木の家で人気の工務店の社長。人気アイテムの例が、大工造作で集成材の箱をつくり、その上にステンレスのシンクとカウンターをかぶせた流し台。安価な割に雰囲気があり、多くの建て主が採用していた。

Bさんも造作キッチンを気に入った建て主。ただ、いつもの建て主より趣味性が強く、オーブンは自分で購入した海外の製品を採用したいと要望。Aさんは「面倒だな」と思ったが、予算にゆとりがある客なので逃したくないと考え、了承した。

保証外も変更もあり得ない

現場は順調に進み、キッチン器具の取り付けとなった頃、現場のガス業者からAさんに電話が入った。オーブンとコンロが設計どおりに取り付けられないという。Aさんが現場に行くと、Bさんが既におり、近寄ってきた。そして「どうするんですか?」とAさんを問い詰めた。

メーカーが違うので
上下に収まりません!
えーーっ!!

Aさんは Bさんをなだめつつ、ガス業者の説明を聞いた。オーブンとコンロのガス配管の取り付け位置の関係で上下に収まらないという。

それぞれの機器は、コンロが国内のC社でオーブンが海外のD社。ガス機器はメーカーごとにガス管とのつなぎ方が異なり、組み合わせによっては上下に収まらない。接続パーツを改造すれば上下に配置できるが、メーカーの保証対象外となる。

Aさんがそのことを伝えると、Bさんは「保証が受けられないのはあり得ないし、上下にレイアウトできないのもだめ」と猛烈に反発した。

Bさんが強硬なのには訳がある。設計担当者との打ち合わせで、「この2社の組み合わせで上下に収まるか」を確認したという。Aさんは設計担当者に電話。設計担当者は言葉を濁したが、よく調べずに「たぶん大丈夫」と返事をしたようだった。

通常はオーブンを返品して適合する製品に変更するように提案するが、Bさんが購入したネットショップは返品不可。結局、Aさんがオーブンを買い取り、コンロと同じメーカーの機種を買い直して上下に収めた。

こだわりの強い建て主の場合、造作キッチンのビルトイン機器を自由に選んでもらうと、輸入品など通常と異なるメーカーの機種を要望しやすい。その際はメーカーに問い合わせ、機種の相性を確認する。支給品だと返品不可の場合がほとんどなので要注意だ。

POINT

建て主支給のビルトイン機器があれば問題なく接続できるかを設計段階で確認

Claim File

28

勝手に金物変えるな！やり直せ！

設計力が自慢のA工務店には、設計事務所と比較して依頼するようなこだわりの顧客が少なくない。Bさんもそんな建て主の1人。建築マニアとして建築家に憧れ、彼らの著作を読み込んでいた。

打ち合わせは大変だった。お気に入りの建築家の仕様や納まりを設計に反映してほしいと要求するBさん。設計担当者を1人張り付かせて小まめに対応することで、無事に契約し、着工にこぎ着けた。

現場は順調に進み、玄関の工程に入った。Bさんの希望は建築家御用達の木製断熱扉。「納まりはこの事例と同じで」と、雑誌からコピーした簡易な図面が渡されていた。そこには金物の材質が書いてあるだけで、寸法などの詳細はなかった。

A工務店では初めて採用する製品だったこともあり、代表のAさんは取り付け方法をメーカーに問い合わせた。だが、「専用金物などはないので工夫して取り付けてほしい」との返答で、詳細が分からない。

仕方なくAさんは商品を取り寄せ、現物を見てから納まりを決めることに。最終的には約80kgの扉重量の条件に沿って、厚めで強度があるアルミ製アングルで固定した。

理想の仕様との違いを指摘

重い扉だけに不安はあったが、取り付けは無事に終了。Aさんがメールで報告すると、Bさんは仕事帰りに現場にやって来た。最初は喜んで写真を撮っていたBさん。だが、そのうち顔が曇ってきた。Aさんが尋ねると扉を固定する金物が渡したコピー図面と異なると言う。

これが
火種！
そういえば、あの時…
送った
資料のように
お願いします！
分かりました
やってみましょう
アルミアングルで
持ちそうだな

確かにコピー図面にはステンレスアングルと書かれていたが、Aさんの判断でアルミにしていた。「この重量なら今のアルミアングルで十分。むしろビスの本数が重要」とAさんは説明した。だが、Bさんは「建築家と同じ仕様に変更してほしい。事前にコピーも渡している」と譲らない。

契約図面には金物まで指定していないので突っぱねることもできたが、ここで押し切ったら仕上げや造作工事でクレームが多発しかねない。幸い、比較的予算に余裕がある現場だったため、争いを避け、ステンレスアングルへの変更を了承した。

設計に注力する工務店の場合、A工務店のように建築マニアの建て主からの依頼を受けることがよくある。彼らは設計事務所のような細い部分への説明を求めがちだ。細部の仕様まで確認してからの着工を心掛けたい。

POINT

設計事務所と競合する顧客は素材や納まりなど細部の仕様まで確認

指導どおりのＤＩＹだ、カビの責任を取れ！

家づくりにおいて、建て主によるＤＩＹを積極的に取り入れているＡ工務店。昨今のＤＩＹブームが追い風となり、人気を集めていた。

ＢさんもＤＩＹ志向を持つ建て主の１人。ＤＩＹの上級者だったこともあり、Ａ工務店のＡ社長との打ち合わせは盛り上がった。そのためＡ社長は、仕上げ工事のほか壁や天井の断熱もＢさんが施工する内容で契約を交わすことにした。

Ｂさんの腕は確かで、ＤＩＹを滞りなく終え、工期どおりに竣工した。コストを抑えられ、家づくりにも参加できたことでＢさんの満足度は高かった。

ＤＩＹのミスは誰のせい？

半年後、Ａ社長宛てにＢさんから電話がかかってきた。一部の壁にカビが生え、補修しても再度カビが生じるという。「建物の設計に問題がある」とＢさんは疑っていた。

早速A社長はBさんの家を訪ねた。確かに北側の壁に黒カビが生えている。A社長は「内部結露だ」と直感した。BさんはDIYの上級者だが断熱や結露の仕組みに詳しいわけではない。事前に施工方法の説明はしていたが、Bさんが正しくできていなかった可能性が考えられた。

持参したサーモカメラで撮影してみたところ、部分的に温度差が生じていることが分かった。そこで石こうボードを剥がしてみた。すると、一部に断熱欠損があったり、グラスウールの耳の留め付け方に不備があったりと、施工不良が見つかった。

Bさんは、「言われたとおりに隙間に断熱材を入れた」と言う。だが、カビの原因はBさんの断熱材の施工が不十分な点にあった。A工務

そういえば、あの時…
これが火種！
断熱材は隙間なく
入れてください
隙間に入れればいいのか…

店には落ち度はない。A社長がやんわりと「自費で施工し直してください」と伝えると、Bさんは激怒した。「DIYサポートをうたっている以上、A工務店の責任だ」

A工務店はローコスト化のために粗利を抑えており、工事費の負担は厳しい。折衷案として不足分の材料をA工務店が支給し、A工務店の指導と検査の下でBさんが改めてDIYで施工する方法で事態は収まった。

理屈が分かれば施工手順はBさんにとって難しい内容ではなかった。今度は教科書どおりに完了できた。

施工にDIYを組み入れる場合、建物の性能や機能に関わる施工まで含めてしまうと結露や漏水などのリスクが生じる。DIYでサポートするのは、仕上げなど表層部分にとどめておくのが無難だ。

POINT

建物の性能や機能に関わる施工はDIYの対象外とするのが無難

Claim File

30 施工ミスでさびた、弁償して！

A工務店はインテリアの提案に力を入れている住宅会社だ。建て主の要望に細かく応えながら家を建てることで評価を得てきた。建て主のBさんも他の顧客と同様に、仕上げから設備まできと細かな要望を出してきた。A工務店のA社長はできる限りの対応を心掛けた。

Bさんが最もこだわったのは海外製のホーロー浴槽だった。カタログの写真を見る限りデザインは良く、価格も安い。ただ、メーカー名を聞いたことがないのが気になったA社長は、輸入代理店の説明を聞くことにした。

後日、輸入代理店のC社長がA工務店に来社。生産国では大きなシェアを持っており、最近になって日本でも売り始めたとC社長は説明した。だが、その説明がいまひとつ要領を得ない。どうやらC社長は建築に関連する技術的な知識に乏しいようだ。国内での実績が少ないうえに、代理店にも知識が足りない。A社長は不安を覚えたものの、「どうしても使いたい」というB氏の熱意に押されて施工することにした。

施工中にも不安要素はあったが、トラブルもなく工事は終わった。Bさんは思い通りに仕上がったと大満足。A社長もひと安心した。

代理店は検証を拒否

引き渡しから1カ月後、Bさんから「浴槽の排水口周辺がさびている」とクレームが入った。

現場に急行したA社長。ホーロー製品をこれまで何度も扱った経験から、もらいさびを含めた現場での対応に自信を持っていた。だが、確かに排水口の周辺が茶色く変色。状況をよく確認すると、どうやら施工不備などによる

これが
火種!
そういえば、あの時…
このデザイン
素敵でしょ?
この浴槽を
ぜひ入れたいの
日本では
あまり見かけない
メーカーですね
建て主の
強い要望もあるし…
普段どおり施工すれば
問題ないだろう

もらいさびではなく、製品側に原因があるようだった。

Ａ社長は輸入代理店に連絡し、協議を求めた。しかし、先方には技術的な対応ができる担当者がいない。「これまでこんなことはなかった」の一点張りで検証すら拒否した。

Ａ工務店と輸入代理店の間でしばらくもめたものの、輸入代理店が浴槽を再支給し、Ａ工務店の負担で施工をやり直すことで決着。再工事では、輸入代理店のＣ社長とＢさんにも立ち会ってもらい、不備がないことを確認しながら改修した。

幸い再施工の後はさびが生じることもなく、Ａ社長はほっとした。建て主の要望とはいえ、国内での施工実績が少なく、技術支援が見込めないような輸入製品は、採用を見送るのが無難だ。

POINT

施工実績が少ない輸入品に要注意 技術支援がなければ採用の見送りも

「口コミ」重視派が倍以上に増加

日経ホームビルダーが一般の建て主向けに実施したアンケート調査の結果をこのコラム「『口コミ』に見る顧客の評価視点」①〜④で紹介する。②は170ページ、③は192ページ、④は214ページにそれぞれ掲載した。

SNS（交流サイト）の利用が日常的になった現代では、家づくりでも、依頼するプロを選ぶ際に口コミ情報を重視する顧客が増えている。下のグラフのように、注文住宅を新築した建て主では、2013年以前と18年以降（調査時まで）とで、重視する傾向が明らかに強くなってきている。

「そうした情報でどのようなポイントを重視するか」は、プロに対する顧客の評価の視点であり、クレーム対策のベースとなる。

Q 家を建てる際に口コミ情報を参考したか（建築時期別）

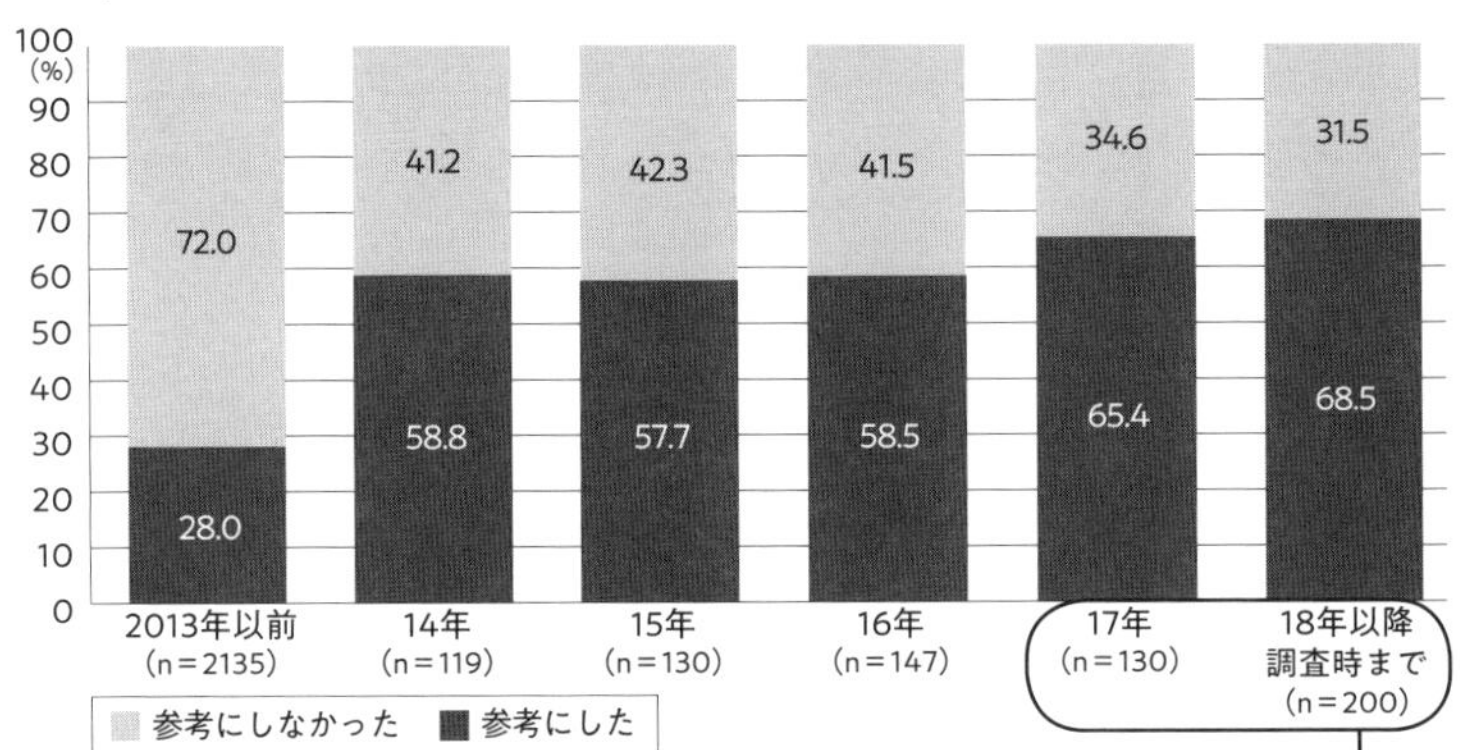

〔図1〕家を建てる際に口コミ情報を参考にしたか否かを尋ねたところ、建築を依頼した時期に応じて、利用比率が異なると分かった。特に、この5年以内で比較すると、口コミ情報を参考にした比率が年々上昇。18年以降（調査時まで）の建て主の場合は、7割近くに上った

調査概要

■調査対象 およそ5年以内（2014年以降）に注文住宅を新築した人で、家づくりや居住後の住宅管理などの際に口コミ情報を活用し、かつ20歳以上の国内に住む人を対象にした ■調査方法 インターネット調査。インターネット調査会社のマクロミルに依頼 ■調査期間 2019年3月13日〜15日 ■回答件数 有効回答数は、事前調査が2861、本調査が618 ■主な回答者属性 男性が55.3％、女性が44.7％。年齢は、20〜24歳2.4％、25〜29歳18.9％、30〜34歳24.3％、35〜39歳23.5％、40〜44歳12.0％、45〜49歳6.1％、50〜54歳3.7％、55〜59歳2.1％、60歳以上7.0％。居住地域は、中部地方29.6％、関東地方29.0％、近畿地方16.8％と続く。建築依頼先は、工務店が30.4％、ハウスメーカーが56.3％、設計事務所が4.9％、不動産会社が7.1％、その他が1.3％。世帯年収は、400万円以上600万円未満の比率が最も多く25.6％、600万円以上800万円未満が20.9％、800万円以上1000万円未満が11.3％、200万円以上400万円未満が9.1％と続く

Claim File

Part 7

建て主への説明・対応を巡るトラブル

家づくりを巡る建て主からのクレームは多くの場合、プロ側の説明不足に起因するケースが大変多い。言い換えれば、コミュニケーションギャップから生じるトラブルだ。プロ側に「伝える工夫」が求められる。

31 ローコストでも暗いダイニングは嫌よ

新築住宅の建て主のAさんは、B工務店と契約する際に「明るい家が欲しい」と要望する一方で、予算に余裕がないためコストを抑えることも強く求めた。

そこで社長のBさんは担当社員と共に、まずリビングルームの設計で開口部を大きく取り、明るい雰囲気になるよう仕上げを工夫した。他の部屋はコスト低減をより優先した仕様にした。〝一点豪華主義〟とも言える設計にAさんも同意した。

引き渡し後しばらくすると、AさんからB工務店の担当社員に「ダイニングルームの暗さが気になる」と不満を訴える電話がかかってきた。

ダイニングはリビングルームに隣接している。「リビングの明るさが際立っているために暗く感じるのではないか」。社員がそう推測して説明すると、Aさんは「それならなぜ、ダイニングも明るくする提案をしてくれなかったのか。過ごす時間が一番長い部屋なのに」と言い出した。

それを聞いた担当社員は、「工事費を予算内に収めることを優先したので、コスト増加につながる提案はできなかった」と釈明した。「顧客のせいにするのか」と怒り出すAさん。Bさんが間に入り、ダイニングの開口部を広げるリフォームを無償で行うことでAさんをなだめた。

Bさんは「コストが厳しい案件だからといって、より良い住宅にしようとする提案をためらうべきではなかった」と反省している。

また、顧客のなかにはローコスト志向であることを人に指摘されると、ケチだと言われたように受け取る人もい

予算があまりなくて、苦労を掛けるわね
ここの設計を変えたら予算オーバーになってしまうな…

るので注意したい。

リフォーム案件でも要注意

リフォームでは、予算に余裕がないために工事をする箇所を絞り込もうとする顧客もいる。「変えたいのは部屋の中だけ。廊下は元のままでよい」。東京都内でマンションのリフォームを主に手掛けるある住宅会社では、顧客からそんな要望を受けることがあるという。

この会社で接客を担当するスタッフによると、そうした場合、「住宅のある部位が更新されて高いグレードに変わると、他の部位は相対的に古くみすぼらしく見えることもある。それでもよいか」と念を押すという。顧客の当初の予算を尊重しながらも、契約金額を予算内に収めることにとらわれすぎて、かえって相手の不満を招かないためだ。

POINT

予算に余裕がない案件でも品質向上の提案は積極的に

相談をしたはずなのに「知らない人」の扱い

40歳代の男性Aさんは、家づくりに際して免震工法に強いこだわりを持っていた。同工法に対応できる住宅会社数社の中からB社を選び、担当者と会ってみることにした。

Aさんの希望は、母の住む実家を二世帯住宅に建て替えること。B社との最初の打ち合わせの際に、「とりあえず今ある家で同居を試してみよう」との考えに至り、新居の計画を一旦保留することにした。

知らないうちに担当者が転勤

数カ月後、B社からAさん宅に思わぬものが届く。新規顧客向けのダイレクトメールだ。「顔を突き合わせたはずの相手にこんなものをよこすなんて」とあきれていると、しばらくして再びB社から文書が……。そこには、「既に話を進めている会社はあるのか」という質問とともに、電話番号を教えてほしいといったことも書いてあった。

　Aさんは度重なる連絡に怒りが収まらず、B社を紹介してもらったマッチングサービス会社のザ・ハウス（東京都渋谷区）に連絡。同社がB社に事実関係を確認したところ、Aさんを担当した社員が他地域に転勤していたことが判明した。何も知らされていなかったAさんはB社に不信感を持ち、別の住宅会社と検討し直したいとの意思をザ・ハウスに伝えている。

　B社の担当者は、Aさんが同居を始めたばかりなので「新築の話が具体化するまで1年ぐらいは掛かるだろう」と踏んでいたようだ。転勤は一時的であり、戻ってからすぐに対応すればい

具体化は
まだ先になりそうだ。
次回はお客様からの
連絡を待って対応すれば
いいかな……
免震設計

いと考えていたふしもあった。そのせいか、社内での引き継ぎができていなかった。

「住宅会社の担当者は複数の建て主と並行して付き合うのが普通なのかもしれないが、建て主は担当者と一対一の関係でありたいと考えている。『その他大勢』の扱いだと思われない配慮が肝心だ」。ザ・ハウス次長の八谷芳子さんは、このように指摘する。そのためにはまず、直接の担当者のみならず、全社で顧客の情報を一元管理できるようにしておくことが必要だ。

成約までに時間が掛かりそうな顧客と、すぐにでも着手したい意思を持つ顧客を、分けて情報管理するのもポイントだ。そのうえで、前者にも時々連絡を取って状況確認などを欠かさないようにする。対応の良さによっては、成約が早まるケースも多いという。

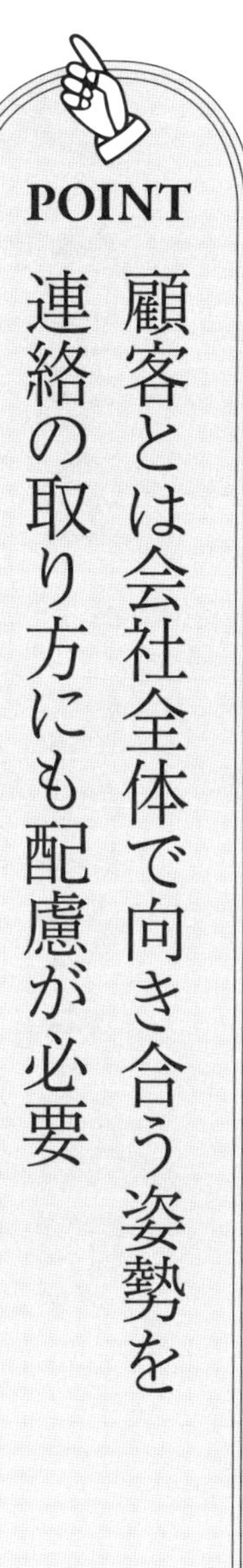

Claim File

33 ＬＥＤに交換できない、住宅会社に任せた照明

家庭用ＬＥＤ電球の普及期によく生じたケースだ。建て主のＡさんは、節電のためにダウンライトの電球をＬＥＤに交換しようと考えた。店でＬＥＤ電球を買って取り付けようとしたところ、ヒートシンク（放熱器）の部分がつかえて取り付けられない。

そのダウンライト灯具は、少し前に住宅会社Ｂ社にリフォームを依頼した際、取り付けてもらったものだった。機種選択を任せたＢ社の担当者に問い合わせたところ、ＬＥＤ電球を使用できないタイプであることが判明した。

「ＬＥＤ電球を使えるものに交換してほしい」と申し出たＡさんに対し、Ｂ社は「承認を得て取り付けた灯具なので落ち度はない。工事の前にＬＥＤ電球を使いたいとも言われていない」として、取り合ってくれない。

Ａさんは、特殊な照明器具を選んでもらったわけではないので、白熱灯や電球形蛍光灯、ＬＥＤ電球のどれでも使用できると思い込んでいた。灯具の留意点などについてＢ社からは事前

に何の説明も受けておらず、カタログを見せてもらえるということもなかったからだ。「LEDが使えないと説明してくれなかったB社に問題がある」とAさんは憤った。

「器具ごと交換」にも要注意

このケースでは、B社の工事はAさんから依頼されたリフォームの内容を満たしている。とはいえ、当時はLEDが照明の主流になろうかという時期。使っている電球をLEDに取り換えようとする人も多かったが、口金のサイズが同じでも、電球の形状が異なるために既存の灯具に合わないこともあった。

照明器具は
どうしますか？
ダウンライト
詳しくないので、
お任せするわ

また、ダウンライトまわりが断熱施工されている場合、一般的なＬＥＤ電球が使用できないこともあった。電球を斜めに取り付けるタイプの灯具にＬＥＤ電球を使うには、製品によっては口金延長アダプターが必要になるなどのケースもあった。

住宅トラブルの相談に乗るＮＰＯ法人住環境健康情報ネットワーク（愛知県一宮市）理事長の中井義也さんは「施工前に製品の特徴を理解し、こうした場合はどのタイプのＬＥＤ電球が対応可能かを確認しておきたい」と話す。

住宅は引き渡し後も、設備の更新や消耗品の交換といったメンテナンスが伴う。製品によっては、更新・交換で新たな工事が必要になるものもある。そうした説明を事前にきめ細かく建て主に伝えておく必要がある。

POINT

消耗品でも簡単に交換できない製品も製品情報はきめ細かく伝える

Claim File

34 滑って転ぶなんてどこが高齢者対応なの

「これでは何のためにリフォームをしたのか分からない。かえって危ない床になってしまった」。自宅を改築したばかりのAさんは嘆く。

高齢の母のために室内をバリアフリーにしようと考えて実施したリフォーム。ところが、78歳になる母は、施工後に洗面所の床で足を滑らせて転倒。骨折して、入院を余儀なくされてしまった。

親孝行のつもりが逆効果になり、怒りが収まらないAさんは、リフォーム工事を依頼した住宅会社に損害賠償請求できないかと、NPO法人住環境健康情報ネットワーク（愛知県一宮市）に相談した。

同法人理事長の中井義也さんは次のように指摘する。「ひと口にバリアフリーと言っても、住まい手の身体の状態や暮らし方によって、必要な住宅性能は様々。特に介護を想定したリフォームでは、きちんと聞き取りをしないまま建材を選定した結果、トラブルを招く例が多い」

滑りにくさを十分に確認

高齢で足腰が弱くなってくると体の平衡を取りにくくなるので、Ａさんの母のように、少し滑っただけで転倒事故につながることがある。こうした事態を防ぐには、打ち合わせの段階で、普段の生活の様子を丁寧に聞き出すことが欠かせない。

例えば洗面所の床の選定に際しては、素足で歩くことが多いのか、それともスリッパや靴下を履くのか。そのほか、バスマットは敷くのか、手すりは設置してあるのか――。状況次第では、クッションフロアのなかでも滑りにくい

どの製品も
同じような触感ね…

ものを選ぶといった配慮が必要になる。

製品の小さなサンプルを手で触ってみるだけでは、滑りにくいかどうかまでは実感しにくいもの。実際に歩いてみることのできるショールームなどを訪問するか、防滑性を明示してある製品を選ぶとよいだろう。

「人命に関わる場合もあるので、建材を選定する明確な根拠を示せるように、住宅会社側も十分な知識を身に付けておきたい」と中井さん。理学療法士や介護支援専門員（ケアマネジャー）に協力を求め、工事内容を検討するのも一つの手だ。

住まい手の症状や介護を要する程度によっては、その後の生活の仕方が変わる。将来の変更が生じる可能性もあることを、リフォームを主導する家族などに伝えておきたい。

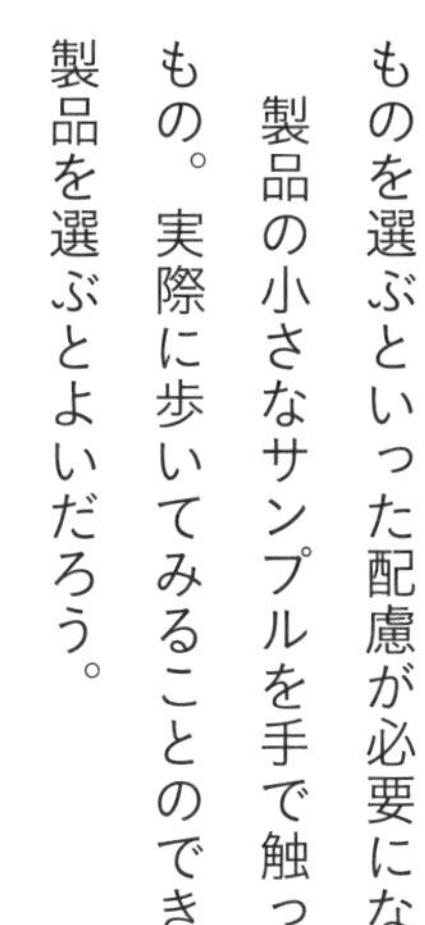

POINT

体の状態によって必要となる性能は様々 専門家の知識が必要になることも

新人の甘さに付け込み悪意のクレーム

住宅会社の営業マンAさんには、新人時代の苦い経験がある。良好な関係を保っていた建て主のBさんから、工事の終盤になって突然クレームを受けたのだ。「フローリングやクロス、建具が打ち合わせと違っている。やり直してほしい」という。

それまで「息子のようだ」と言ってかわいがってくれたBさん夫妻が、手のひらを返したように冷たくなり、強硬に工事のやり直しを主張した。だが、施工した仕様は打ち合わせの場で一緒に決めたとおりで、間違ってはいないはず。困り果てたAさんは、上司に相談。住宅会社側に立ってトラブル解決に当たるMr.HAUS（ミスターハウス）（ハンドルネーム）さんの元を訪れた。

ハウスさんは、Aさんの打ち合わせ資料を確認したが、具体的な記録は残っていなかった。「○月×日　間取り打ち合わせ。3カ所変更」「○月△日　クロス打ち合わせ。サンプルより選んでいただく」といった簡単なメモだけだ。Aさんは「まだ仕事に慣れておらず、打ち合わせをこなすだけで精一杯だった」と振り返る。

これに対し、Bさんのほうは詳細な記録を付けていた。日時や打ち合わせの内容はもちろん、当日に決めた製品の型番や色を記してある。自分がそれを選んだ理由まで、丁寧に補足してあった。それを見ると、確かに施工したものと異なる部分がいくつかある。完全にAさんに不利な状況だった。

サービス要求が狙い

ハウスさんは次に、Bさんの記録を基に、いつ、何が行われたかをチェックした。すると、「地鎮祭」と記されていた日が仏滅であることに気付いた。だが、これもAさんの控えはなく、当

夕飯でも
食べていって
A君はまるで
息子みたいだ
お言葉に
甘えて…

日は現場管理者が病欠。神社に問い合わせ、実際は翌日の大安に実施していたことがわかった。

これがきっかけとなり、他の矛盾点を含めて細部を確認したところ、Bさんはしぶしぶ資料の改ざんを認めた。「新人のミスのせいにして、グレードアップや値引きをさせる狙いだったようだ」とハウスさんはみる。

打ち合わせなどの記録をきちんと整理し、保存しておくのは住宅会社にとって仕事の基本。このケースでは、Aさんが建て主と親しくなりすぎたために甘えが出て、ビジネスの手順をおざりにした面もありそうだ。信頼関係は大切だが、建て主とは適度な距離を保ちたい。

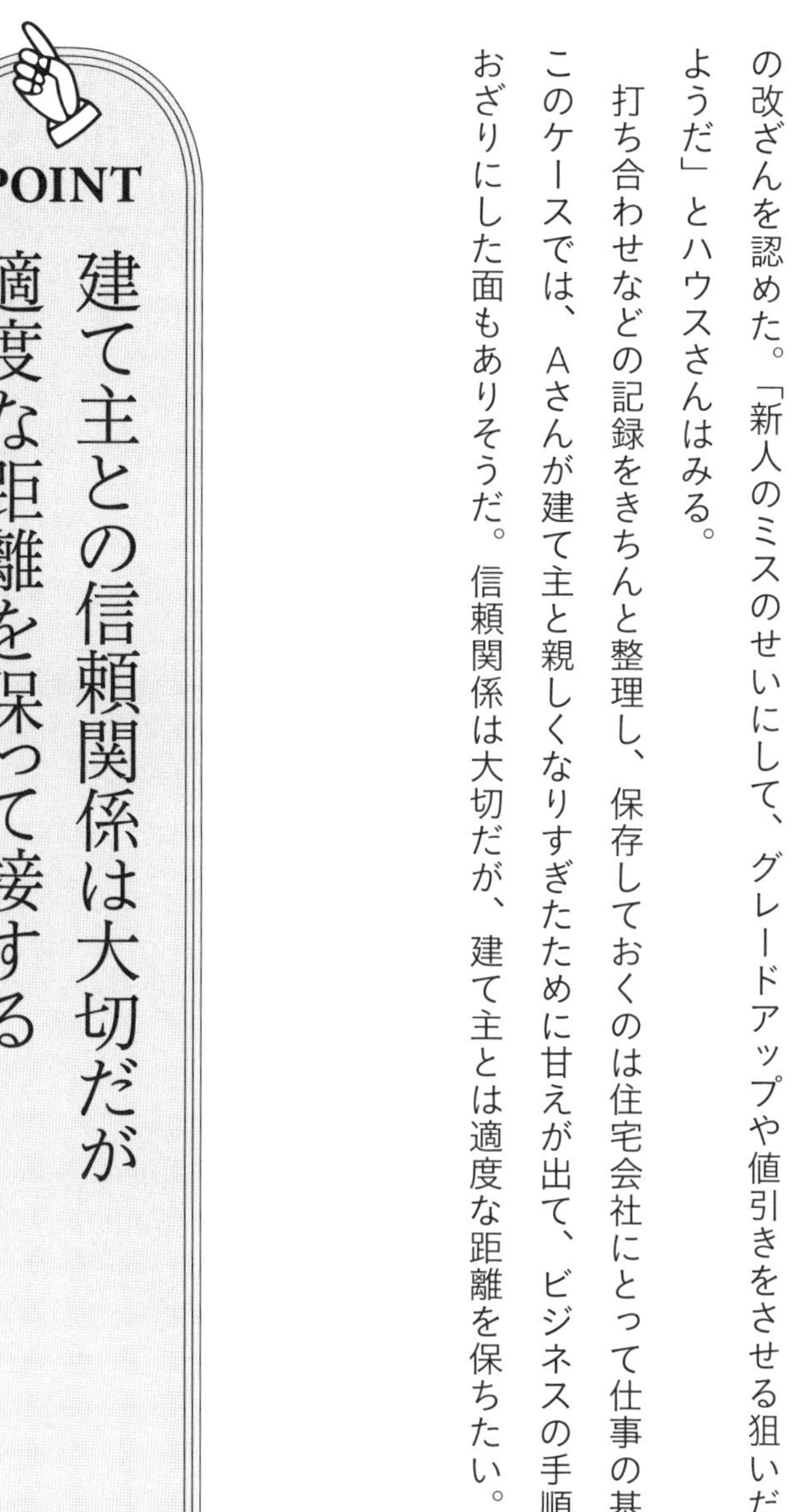

口コミは「契約前」の9割が参考に

「口コミ情報」について日経ホームビルダーが一般の建て主向けに実施したアンケート調査の結果を紹介する（「調査概要」は148ページを参照）。

口コミ情報を参考にした時期を建築依頼先を選定中の「契約前」、依頼先を決めてスタートした「建築中」、引き渡しを受けた「入居後」の別で尋ねた設問では、「契約前」に参考にした回答者が圧倒的に多く、全体では9割強に及んだ〔図2〕。依頼先の事業規模（工務店かハウスメーカーか）は、あまり関係ないようだ。

契約前に活用・重視した情報源は、回答結果では「口コミサイト」が最も多く、ハウスメーカーへの依頼者の方がその傾向が顕著だ〔図3〕。他方、住宅会社などが提供するOB客の体験談は、依頼先の別なく「活用するがあまり重視しない」という傾向も分かる。

Q 建築のどのタイミングで口コミ情報を参考にしたか

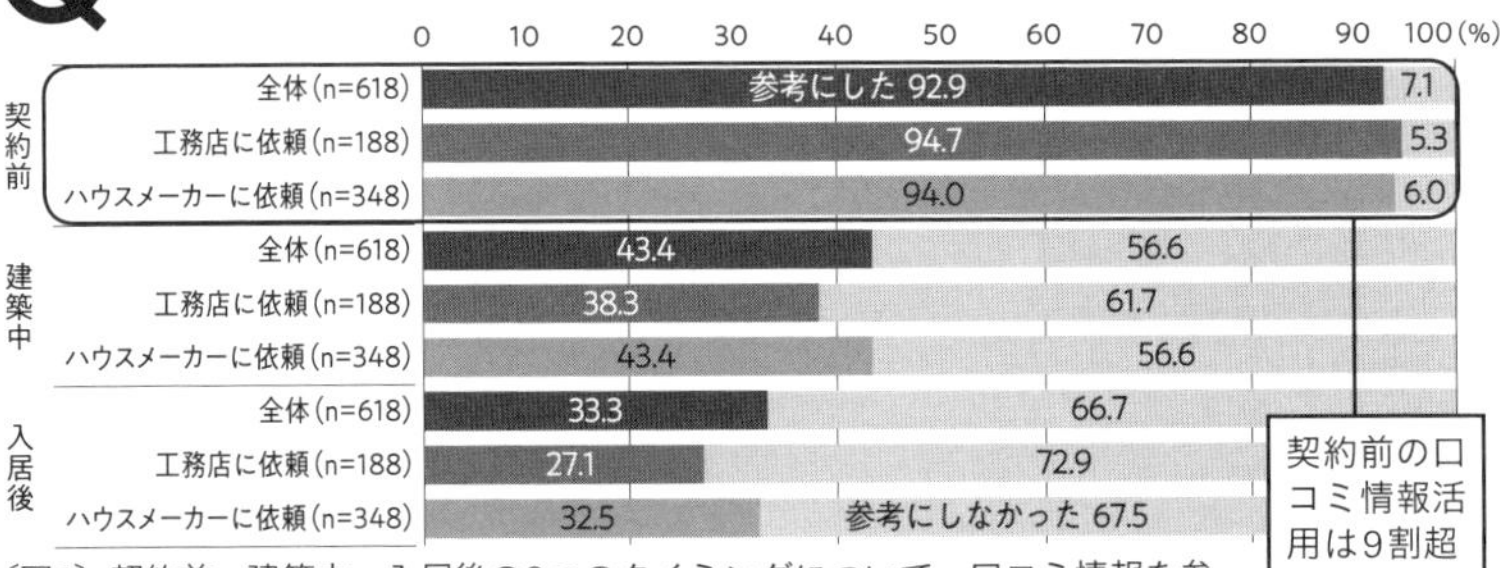

〔図2〕契約前、建築中、入居後の3つのタイミングについて、口コミ情報を参考にするか否かを尋ねた。契約前は約9割の建て主が口コミ情報を参考にしていたが、建築中は約4割、入居後は約3割にとどまった

Q 契約前に活用し、重視した口コミの情報源は何か

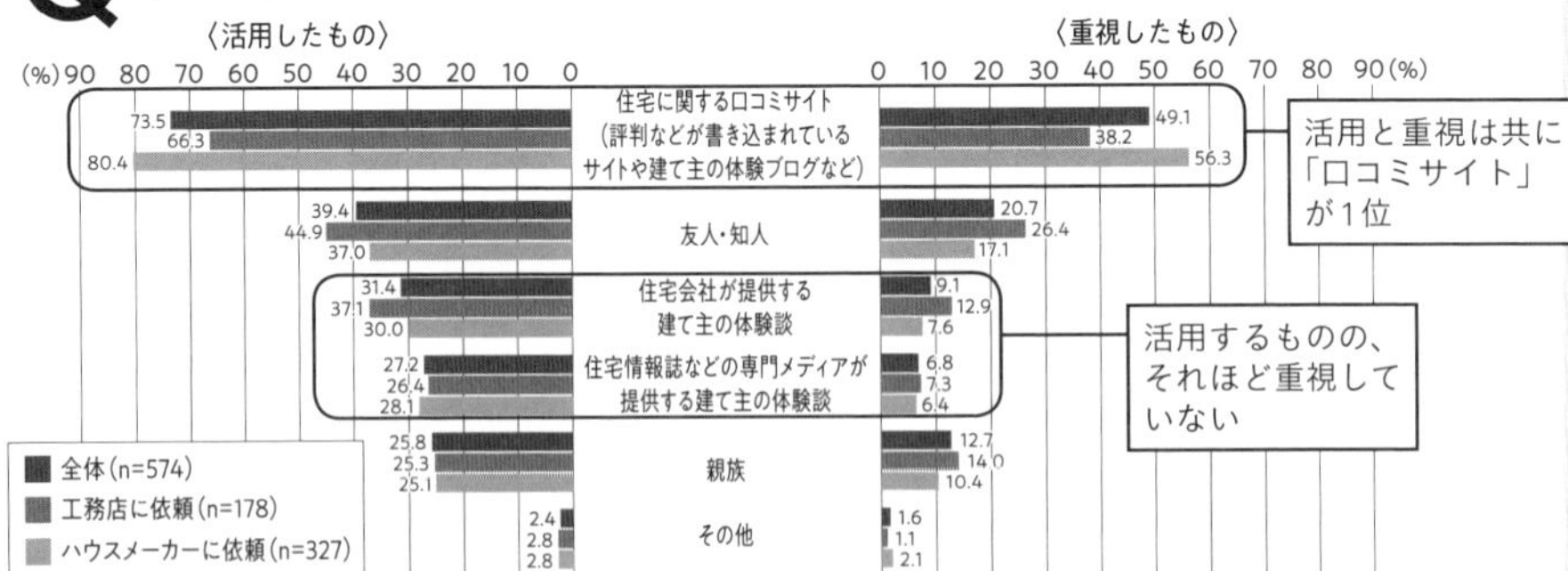

〔図3〕建て主が建築依頼先の住宅会社を選択する際に、どのような口コミの情報源を活用しているのかを尋ねた。グラフの左は、利用した情報源を複数回答形式で答えたもので、右は中でも重視したものを示した。口コミ情報サイトは利用度も重要度も高いことが分かる

Claim File

Part 8

「イメージ」の違いを巡るトラブル

例えば建て主に内装クロスを選んでもらう際、サンプルの大きさによって「イメージ」は意外と変わる。プロ側が自らの「常識」だけで一般の建て主に判断を求めることは最も危険な行為。相手目線のきめ細かさが不可欠だ。

Claim File

36 イメージと違う、規格住宅でもやり直せ

仕様と価格を明示して値ごろ感を持たせた規格住宅を好む建て主が増えている。Aさんもその1人で、注文住宅より安くなると宣伝するB社の規格住宅を依頼した。

B社は仕様の選択範囲を価格帯や家族構成などによって、少しずつ変えていた。Aさんにはその仕組みが分かりにくく、大抵は担当者に勧められるものを選んでいった。

玄関タイルは砂岩調の4色から選ぶ仕組みとなっていた。担当者はカタログを見せて「白と黒は汚れが目立つので、オレンジかベージュが無難です」と説明。Aさんはほかとの違いがよく分からず不安に思いながらも、「プロがそう言うのならば失敗はないだろう」と勧めに応じた。

住宅が完成して玄関タイルを見たAさんは驚いた。砂岩調の模様が土汚れのように見えたからだ。Aさんからクレームを受けた担当者は、「交換には追加費用が十数万円掛かるし、すぐにやり直すとタイル職人が感じ悪く思う。しばらく暮らせば見慣れます」となだめた。その後もAさんは不満を何度か伝えたが、担当者は取り合わなかった。

約1年後、担当者がAさん宅を訪れた時のことだ。Aさんは話しているうちに玄関タイルの不満をこらえ切れなくなり、「1年たっても慣れるどころか、見る度にイライラする。どうにかしてください」と怒りをぶつけた。担当者は「いまさらどうにもならない。選ぶ時に現物で確認したいと言ってくれればよかったのに」と言い残して帰って行った。

1年後に張り替えの要求

Aさんは、住まいの悩みに応えるNPO法人住環境健康情報ネットワーク（愛知県一宮市）に、「B社の

規格住宅なので
この4色から
選んでください。
ベージュが無難です
早く決めて
くれよ
うーん。
ならそれで…
規格住宅
○△シリーズ登場

負担で玄関タイルを張り替えてもらうにはどうしたらいいか」と相談を持ち掛けた。理事長の中井義也さんは「担当者ではなくB社の責任者宛にこれまでの経緯と要求を文書で送るよう助言した。Ａさんとの関係を修復したいなら、住宅会社が費用をある程度負担して張り替えざるを得ないだろう」と話す。

規格住宅は建て主が限られた仕様の中から選ぶことになるので、納得して決めたと言えないようなケースもある。中井さんは、「住宅会社は仕様説明を注文住宅より簡単に済ませようとしがちだが、現物を見せるなど、注文住宅以上に丁寧に説明する必要がある」と話す。

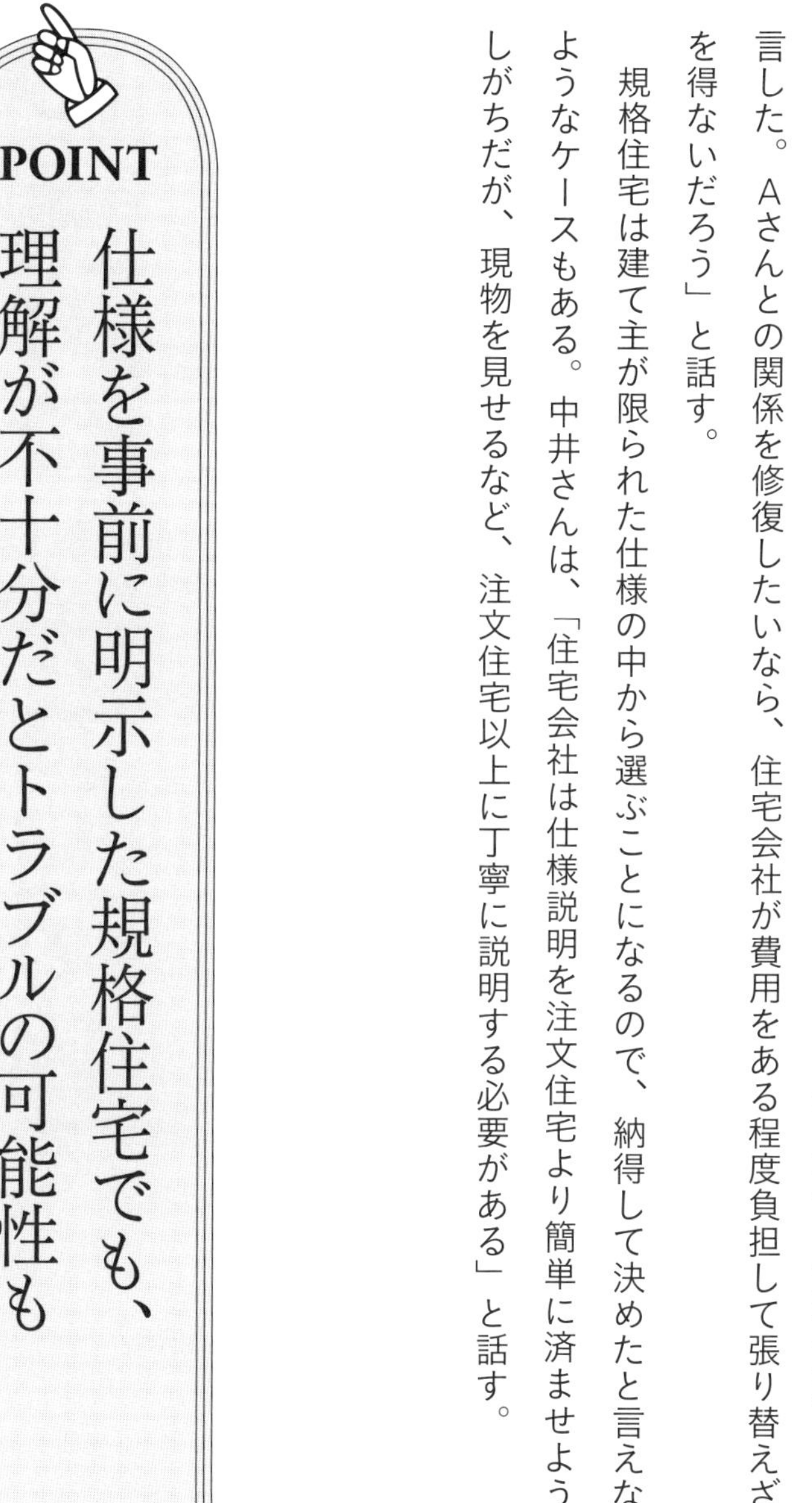

Claim File

37 イメージより狭い車庫、乗り降りが窮屈で困る

住宅を新築したばかりのAさんは、駐車スペースの幅が思っていたより狭く乗り降りが不便なことに悩んでいた。

もともと敷地が狭いことは認識していたので、住宅会社B社には打ち合わせの段階で車幅を伝え、乗り降りに支障がない駐車スペースとなるよう要望していた。

ところが実際は、車の助手席側を敷地境界にある塀のぎりぎりまで寄せても、運転手側からやっと降りられるほどしかドアを開けられない。B社に訴えてみたものの、「図面に示したとおりなので、落ち度はない」との一点張りで、らちが明かない。

「芯芯」を知らない顧客は多い

Aさんは「図面に基づいて契約したのは事実だが、素人が図中の数字から駐車スペースの幅をイメージするのは難しい。これでは何のための自由設計か分からない」と憤慨する。

住宅トラブルの相談に助言するNPO法人住環境健康情報ネットワーク（愛知県一宮市）理事長の中井義也さんは、「建て主の『車庫が狭い』という不満からトラブルに発展する例は、非常に多い」と指摘する。

よくある原因の一つは、建て主が図面に示されている数字の意味を理解していないケースだ。建築に詳しくない建て主は、部材同士の通り芯の距離を示す「芯芯寸法」を、有効寸法と誤解している場合がある。

例えば、駐車スペースの両側にブロック塀をつくる場合、有効寸法は芯芯寸法より20〜30cmほど狭くなる。図中

うちの車でも
大丈夫ですね

に幅3mとあっても、実際には2・7〜2・8m程度。それをきちんと説明しておかないと、建て主は「イメージよりも狭い」と感じてしまう。

図面では余裕があっても、給湯器やエアコンの室外機などが邪魔になって、車庫入れがしにくくなることもある。トラブルを未然に防ぐためには、室外機なども契約図面に描いて説明しておいた方が無難だ。

また、設計前に外的な要因をチェックしておくことも欠かせない。「前面道路が坂になっている」「水道メーターのボックスがある」「ブロック塀を敷地境界の内側につくらなければならない」といった条件では、駐車スペースの幅や奥行き、配置を工夫する必要があるからだ。「足場が外れる頃に外構を考え始めるのでは遅い。地鎮祭などの機会を利用して、早い時期に建て主と一緒に現地を確認しておくのがいい」と中井さんはアドバイスする。

POINT

外構計画も早い段階から進めたい 寸法を誤解されないような配慮も

Claim File

38 狭すぎるポーチ、無償で直して

「ここまで狭いとは思わなかった。危険すぎる」。木造戸建て住宅を新築したAさん一家が、新居に暮らし始めてもうすぐ1カ月。玄関ポーチの予想外の狭さに困惑している。

玄関は前面道路から階段を3段上がったところにあり、来訪者はポーチに立ってチャイムを押す。Aさんの家族が内側からドアを開けると、来訪者が後ずさりし、ポーチから落ちそうになってしまう――。そんなことが何度か続いた。

Aさんは、家を建てた住宅会社B社に対し、無償でポーチを広げてくれるように依頼した。ところが、担当者は、「設計の段階で図面を見せながら説明し、議事録にサインをもらっているので、無償では直せない」と言う。

ポーチが狭いのは、階段の段差が急になるのを避けるためだった。図面にはポーチや階段の寸法が記してあり、施工も図面どおりに仕上がっている。また、家族が出入りするだけならば、それほど不都合はない。問題は来客時だ。

Aさんは、「表に人が立った状態で内側からドアが開いたときのことまで、素人にはイメージできない」と話し、納得できない様子だ。

実物大で示す手も

玄関ポーチの面積について、「何平方メートル以上にしなければいけない」といった法的な規制はない。とはいえ、住まい手が安全に暮らすために適切な広さや位置はあるだろう。「図面を見せて事前に説明しても、顧客が工事後の状態を想像することは難しい」と、住宅リフォーム・紛争処理支援センターの住宅相談消費者支援本部次長の青

ここが
ポーチです
分かりました

木稔さんは指摘する。

「B社は工事後のイメージをAさんに、分かりやすく丁寧に説明する必要があったと思う」と青木さん。例えば、ショールームで実際のドアの大きさを体感してもらう。ポーチの広さは、新聞紙などを使って実物大で示してもいいだろう。

ただし、図面に玄関ドアの大きさとポーチの奥行きが数字で示されていれば、素人でもドアを開けたときにポーチが狭くなる状況を予測できた可能性もある。青木さんはこのケースに関して、「建て主は無償にこだわりすぎず、両者の費用負担について話し合うのも一つの方法だ」と提案する。折り合えない場合には、第三者である専門家に相談する選択肢もある。

POINT

図面だけで工事後を想像するのは難しい
ショールームなどで大きさを体感させる

これが近い色？違いすぎる

Aさんが注文住宅を建築してから20年。外壁には、ところどころタイルの欠けが目立つようになり、リフォームを思い立った。新築時に設計・施工を依頼した住宅会社B社に連絡し、破損したタイルのみ取り替えてもらうことにした。

翌日、B社の担当者から電話があり、Aさん宅の外壁に採用したタイルは製造元で既に製造終了となっているという。「他の製品で近い色のものを使っても構わないか」と聞かれ、仕事中で忙しかったAさんは、つい「任せる」と答えた。B社とは新築以来の長い付き合いで、信頼していたからだ。

B社は数週間後に工事を終えて、足場を撤去。あらわになったわが家を見て、Aさんは思わず声を上げた。「なんだ、これは。全然違う色じゃないか！」。張り替えたタイルは元のタイルに比べて色が濃く、Aさんの目には、両者の色に大きな差があるように映った。光の加減によっては、外壁がまだら模様に見える。

「確かに『お任せ』で進めた自分も悪かったが、もし事前にタイルの色見本を見せられていれば、恐らくこの色は選ばなかったはずだ」とAさんは残念がる。

クレーム未満でも不満残る

微妙な色味や質感などの感覚には、個人差がある。Aさんも「主観的な苦情は控えたい。どの程度が許容範囲なのか、専門家に教えてもらえないか」と考えて、住宅リフォーム・紛争処理支援センターに相談を持ち掛けた。

これに対し同センターは、「許容範囲について明確な基準はない。住宅会

近い色で
いいですか？
ああ、
任せるよ

社に任せたのであれば、よほどの色違いでない限り、変更を求めるのは難しいだろう」と回答。Aさんは取りあえず納得した。

とはいえ、B社にとってAさんは大切なOB顧客の1人。たとえ今回は直接的なクレーム事案にならなかったとしても、不満がくすぶっていれば、信頼関係に傷が付くこともある。次回以降のリフォーム工事や新規顧客の紹介などのビジネスチャンスを取り逃がすことにもつながりかねない。クレームとして表面化しないこうしたささいなトラブルこそ、プロ側としては未然に防いでおきたい。

このケースでは、B社はAさんに材料見本を見せるなどして、きちんと同意を得ておけばよかっただろう。

POINT

微妙な色味や質感などには個人差がある 不満を残さないように確実な同意を

写真を見せて色指定したよね？

実直な仕事が評価されているA工務店。地域密着型の小さな工務店で、最近、大規模リフォームの仕事が増えてきていた。

Bさんが依頼してきたのも、大規模リフォームだった。定年退職を間近に控えていたBさんは、ついの住み家として郊外の中古住宅を購入。貸し別荘として数年間運用した後に、移住して暮らす計画だった。そのため、華やかな「モダン和風」の住宅に改修することにこだわっていた。

モダン和風な家づくりの経験がなかったA工務店のA社長。素直にBさんにそのことを伝え、契約を迷っていた。だが、「仕上げ材はこちらで決めるから問題ない」とBさんは譲らない。結局、Bさんに押し切られる形で契約することになった。

とはいえ、Bさんは設計の経験がない。案の定、色々と悩み始めた。なかでも玄関ホールの壁の色が決められず、着工後に選ぶことになった。

現場は後半に入ると慌ただしくなった。Bさんの要望による変更が相次いだためで、工期の余裕がなくなってきた。「玄関ホールの壁を塗らないと遅れる」とA社長が心配し始めた頃になって、Bさんは「壁をベンガラ色にする」と言い、参考の写真を送ってきた。

幸い塗装業者はすぐに現場に入り、写真を見ながら調色を始めた。「これで工期に間に合う」とA社長は胸をなで下ろした。

見切り発車がトラブルに

引き渡し間近となり、Bさんが現場にやって来た。玄関ホールの壁の色を

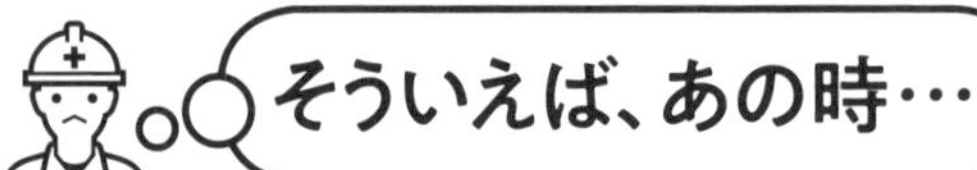

写真のような
ベンガラ色に
してください

分かりました!

見るや否や「イメージと違う」と怒り出し、「塗り替えてくれ」とA社長に迫った。度重なる変更に対応してきたA社長はさすがにむっとして、「参考の写真のとおりだ」と反論した。だが、Bさんは「もっと落ち着いた色だ」と言い張る。これ以上は水掛け論だ。

するとBさんは「見本を出さずに色を決めるのはおかしい」と言い出した。工期を考えると無理な相談だが、ここでもめても仕方がない。渋々と塗り替えを承諾。すぐに再塗装に取りかかった。工期は守れたものの、再塗装の材料費と工事費はA工務店の負担となってしまった。

こだわりが強い顧客の場合は、設計時点で詳細を詰めてから現場に臨むのが原則だ。特に色や質感などは見本を出して了解を得ておく。それでも変更が発生しやすいので、予備費を考慮したい。見切り発車はトラブルのもとだ。

POINT

こだわる顧客とは設計時に詰める 変更に備えて予備費を考慮

依頼先選びに「影響した」が7割

「口コミ情報」について日経ホームビルダーが一般の建て主向けに実施したアンケート調査の結果を紹介する（「調査概要」は148ページを参照）。

建築依頼先を選ぶ際に参考にした口コミ情報がどの程度影響したかを尋ねた設問では、「とても影響した」「やや影響した」との回答が合計7割強に達した〔図4〕。この傾向は、依頼先の事業規模（工務店かハウスメーカーか）で大きな差は見られない。

回答者に役立った口コミ情報を項目別に尋ねた設問では、ハウスメーカーに依頼した建て主ほど、役立ったと感じる比率が高かった。「プランや設計力」「居住者の感想」「アフターサービス」「施工力」の上位4項目では、半数近くが役立ったとしている〔図5〕。同じ項目でも工務店依頼者は、役立ったと回答した割合がやや低い。

Q 契約前の時点で参考にした口コミ情報は建築依頼先の選択に影響したか

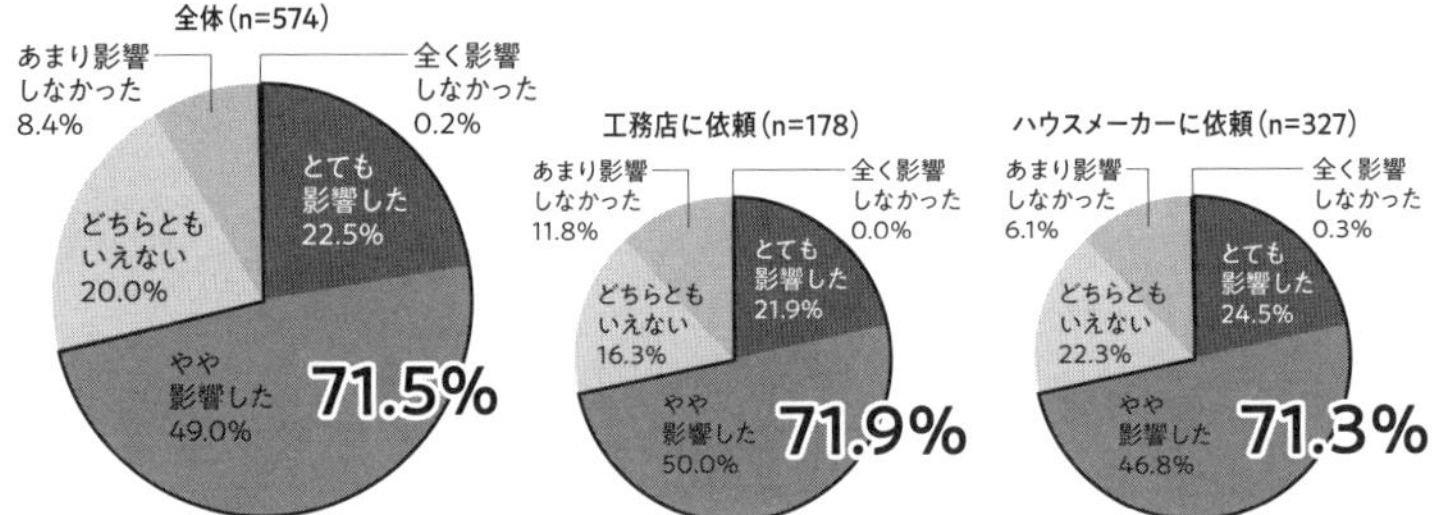

〔図4〕口コミ情報が建築依頼先の選択に影響した比率は、約7割に上った。建築依頼先別に見ても、傾向は同じだ。「あまり影響しなかった」「全く影響しなかった」と回答した人は合わせて1割程度と少なかった

約7割が「依頼先の選択に影響した」

Q 契約前に活用した口コミ情報で役立った項目は何か（複数回答）

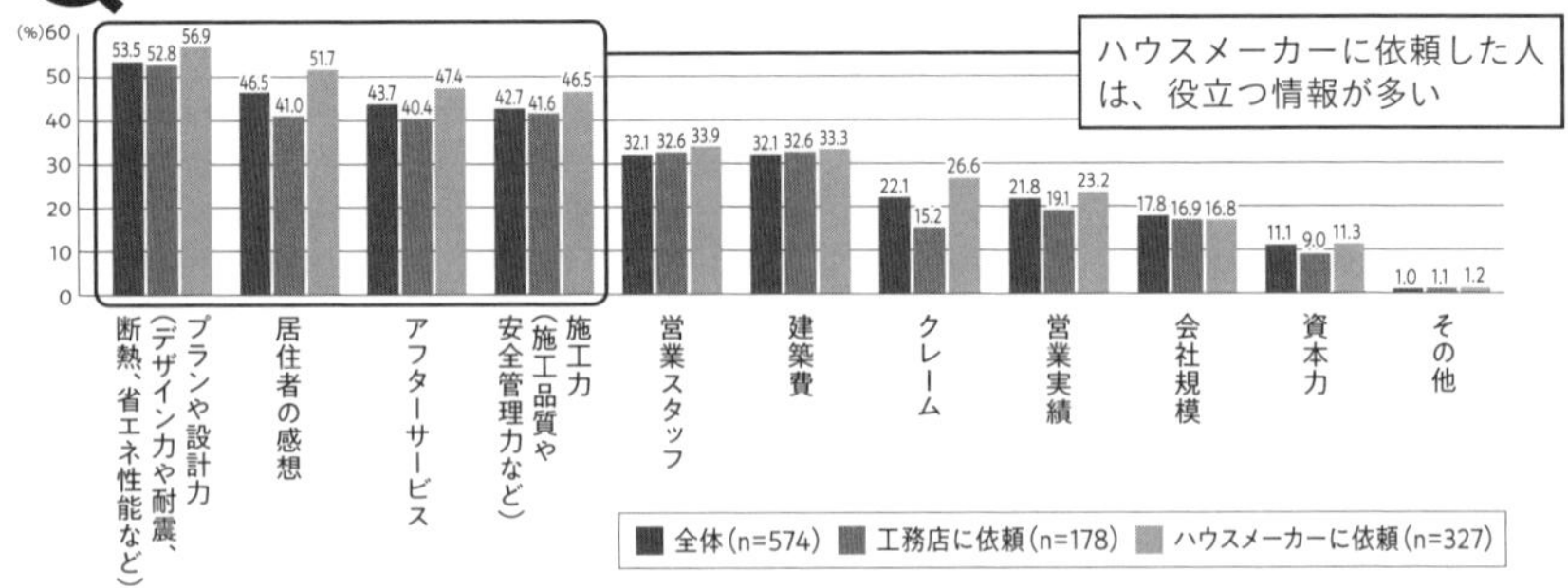

〔図5〕建て主にとって役立つ口コミ情報は、「プランや設計力」が最も多かった。ハウスメーカーに依頼した建て主にとっては、工務店に依頼した建て主よりも、「居住者の感想」「アフターサービス」などの情報が役立っていることが分かる

Claim File

Part 9

「感覚」の違いを巡るトラブル

前章の「イメージ」と同様に、「感覚」も人それぞれに異なる面がある。クレームの原因となった際、よりやっかいで解決が難しいトラブルに転じるケースが少なくない。いかに客観的な情報で対応するかが、重要になる。

私には臭うのだから早く何とかして

住宅CMサービス広島（広島市）は、建て主から依頼を受け、住宅会社との間を取り持つマネジメントを主な業務としている。無事に完成、引き渡しまで終えた顧客のAさんから、ある日、次のような電話がかかってきた。「室内に気になる臭いがある。どうにかならないだろうか」

早速、同社代表の若本修治さんと施工したB社の現場監督がAさん宅に向かった。「嫌な臭いがする。引っ越してから体調が優れない」と、Aさんはしきりに訴えるが、2人には特に異臭は感じられなかった。計画当初から「健康的な空間にしたい」という要望があり、使用した建材や塗料、接着剤はどれも国内のシックハウス対策に係る規制をクリアしたものを厳選していたので、原因も思い当たらなかった。

念のため、専門の測定会社に依頼して空気質の調査を実施。ホルムアルデヒドや揮発性有機化合物などの主要な化学物質の検出値は、いずれも基準未満だった。

不満や不安の解消に努める

「臭いは私たちには感じられないし、仕様から考えても健康に影響を及ぼすようなものは使っていない。体調不良は引っ越し疲れによるものでは……」。

このようにぼやく現場監督に対して、若本さんは「Aさんの不満や不安を解消して快適に過ごしてもらうのがプロとしての私たちの務め」と説いた。その後、現場に駆け付けたB社社長と内装会社とともに対策を検討。酸化チタンなどから成る消臭剤を室内に吹き付け、作業後に改めて空気質を調査するという方法を提案することにした。

プロとして
全力を
尽くします!

数日後、Ａさんに説明して了解を得て、部屋ごとに消臭剤の吹き付けと空気質調査を進めた。調査結果に異常は認められなかった。作業に掛かった費用は3者で負担した。

「設計や施工のプロセスをＡさんとともにチェックしていた私から見ても、Ｂ社が採用した建材や施工法に問題はなかったと思う」と若本さんは話す。「しかし、建て主が住空間に不都合が生じたと感じるのであれば、問題解決に最善を尽くすべきだ。少なくともその姿勢を示さなければ、建て主は満たされない気持ちを収めることができないだろう」

対策を終えた1週間後、Ａさんには「臭いがずいぶん収まった」と納得してもらえたという。

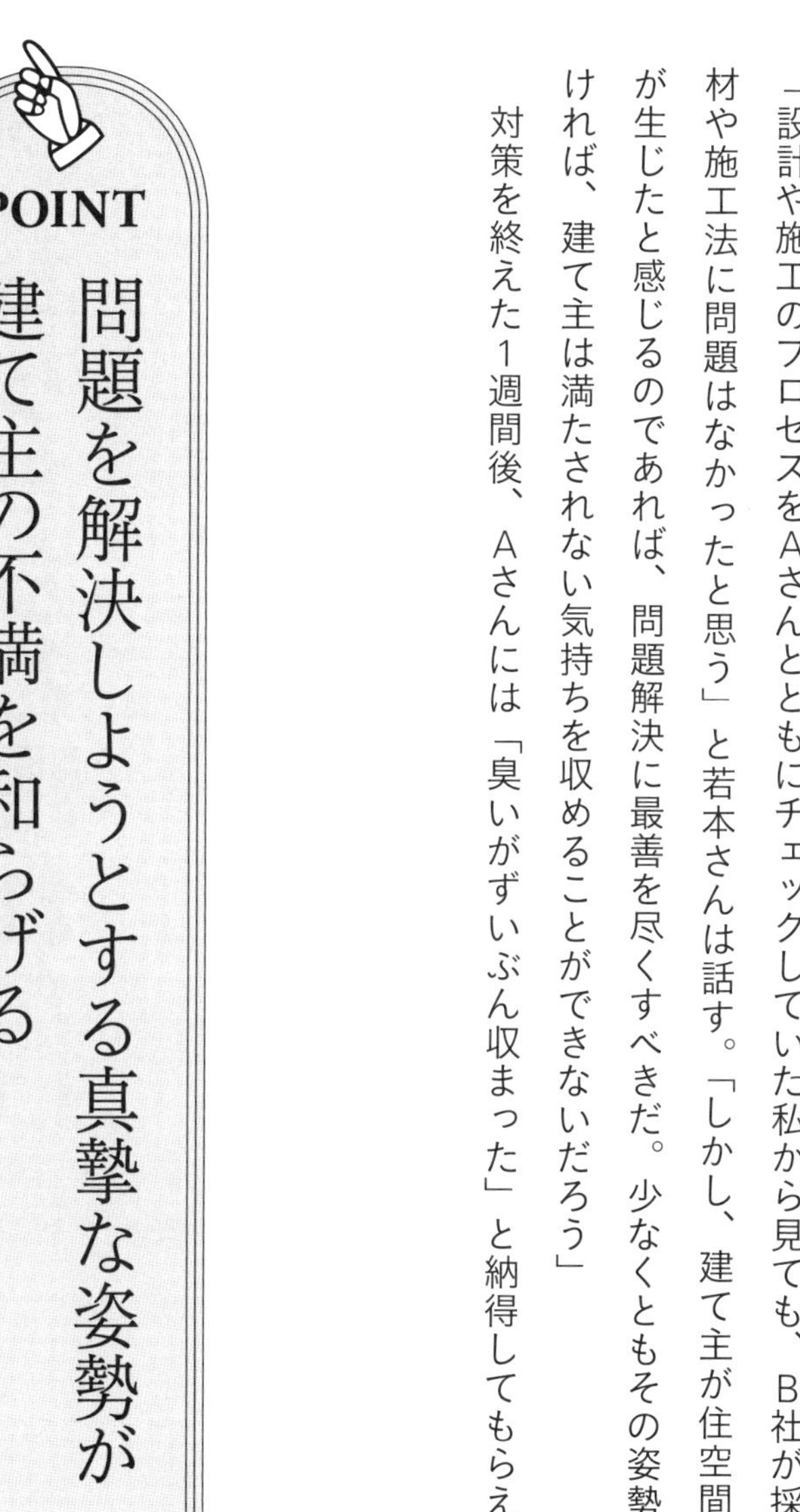

防音仕様にしたのにおちおちと眠れない

Aさんの趣味はピアノを弾くこと。親と同居する家の建て替えに当たっては、防音仕様のピアノ室を要望していた。

建て主の代理人として住宅会社との交渉などを主な業務とする住宅CMサービス広島（広島市）の代表、若本修治さんはAさんから相談を受け、B工務店を紹介。木造3階建てのプランでの建て替えが決まった。

1階は両親の寝室、2階は共有のLDK、3階はAさんの個室とピアノ室という構成だ。Aさんは「これで仕事から帰宅した夜間でも、存分に弾けるようになる」と楽しみにしていた。

ところが、新しい家で実際に弾いてみると、ある問題が浮かんできた。翌朝、両親から次のようなことを言われたのだ。「ピアノの音はわずかだし聞き慣れているからどうということはないが、ぐらぐらと振動が伝わってきて眠れなかった。最初は地震かと思ったくらいだ」

ストレス発散のために用意したピアノ室だというのに、思うように弾けないことで新たなストレスの原因に……。Aさんは怒りよりも失望で元気をなくし、体調まで崩すことになってしまった。

振動の大きさが違う

Aさんから連絡を受けた若本さんは、B工務店の社長に防音仕様を確認した。ピアノ室の床や壁、天井に遮音シートを巡らせ、ドアとサッシにも遮音性の高い製品を採用したとのこと。また、施工中だけでなく施工後にも、ラジカセと騒音計を使ってピアノ室の外に漏れる音に問題がないことを確認したという。

それを知ったAさんは「でも、ラジ

音の大きさは
問題ないだろう

カセとピアノでは音の響き方が全然違うのでは」とぽつり。ラジカセの音は大きな振動を伴うようなものではない。一方のピアノは、弦をハンマーでたたいて音を出す。演奏時には楽器全体が振動して音を出すので、木造の躯体が共鳴し、振動が1階にまで響いたのだと考えられる。

社長は若本さんとともにAさんに紹介してもらったピアノ店に出向き、振動を抑える手段を検討。ピアノ室の床下に合板と石こうボード、吸音材を重ねて敷き詰め、ピアノの下に厚さ10cmほどの台を入れることなどで、ようやく1階の振動は収まった。「最初から専門家の意見を聞けばよかった」と、社長は反省している。

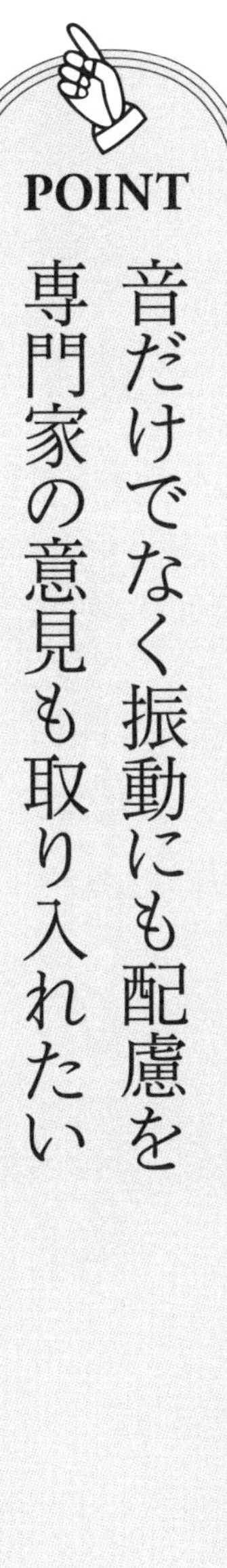

隣室からの音が大きい、建材の遮音性能の誤解

ドンドンドンと、腹に響く重低音。隣室から、騒々しい音楽が聞こえてくる。建て主のAさんは、リビングのテレビの音量を上げてつぶやいた。「うるさくて聞こえやしない」

二世帯住宅を新築したAさん一家。息子夫婦の希望で子世帯側にオーディオルームを設けた。親世帯のリビングとは隣合わせの配置だ。

息子夫婦を呼び、音の漏れ具合を聞かせると、予想外のことに彼らもびっくり。簡易な騒音計で測ったところ、65dBもあった。オーディオルーム内での計測値は１００dB。35dB程度しか遮音されていないことになる。

住宅会社B社からもらった建材メーカーのカタログには、単体遮音性能D値35、総合遮音性能D値60とある。単体遮音性能は、部材単体の性能を表し、総合遮音性能はそれを実際に使った場合に壁や床、天井の遮音性能も加味した性能を指す。

Aさんの息子は「部屋全体で60dB低減されるはずなのにおかしい」と首を傾げた。Aさんが問い合わせると、B社の担当者は「総合遮音性能は参考値のようなもの。メーカーが試験で確認した単体遮音性能は満たしている」と素っ気ない。

困り果てたAさん一家は、住宅トラブルを扱うNPO法人住環境健康情報ネットワーク（愛知県一宮市）に相談。理事長の中井義也さんは「契約時にB社からどのような説明を受けたのかを確認しながら交渉するしかない」とアドバイスした。

対策可能な範囲を明確に

住宅によって窓の大きさや壁の構造などに違いがあり、メーカーが検証し

防音性能は
カタログのとおり
です
オーディオルーム

た値に基づく遮音性能を必ず実現できるとは限らない。

ただ、顧客の多くはカタログにある総合遮音性能を実現できると思い込んでいるもの。「住宅会社は、対応可能な防音工事の内容を顧客に明確に示しておくべき。単体や総合の遮音性能の違いを説明し、理解を得ておくのがいいだろう」と中井さんは話す。

遮音性能が想定どおりでなかった場合は、「防音効果のある断熱材を追加する」「コーキングやテープで隙間を目張りする」といった対策が考えられる。しかしそうした対症療法では、どれだけ効果があるのか、またそれがいつまで持つのかが分からない。トラブルを大きくしないためには、取り掛かる前に仕様などの対処の方針をはっきりさせ、説明を尽くしておきたい。

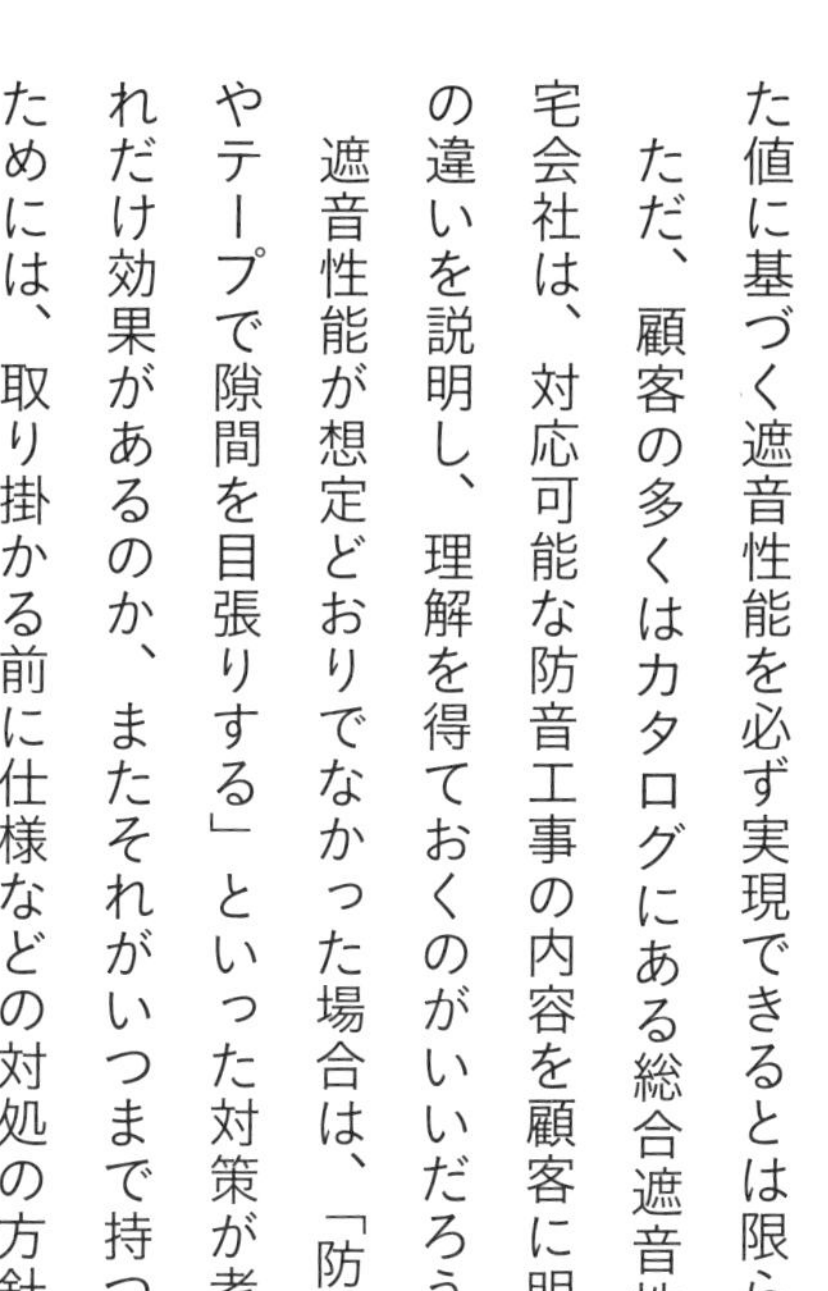

POINT

単体と総合的な遮音性能を十分に説明して
やっかいな音の不満の芽を摘む努力を

Claim File

44 配慮のないデザイン、プロとしてどうなの？

Aさんは企業の法務部門に勤めるキャリア女性。思いどおりの住まいを手に入れたいと、中古住宅を購入して建築家のBさんにリフォームの設計を依頼した。工事が終わり、引き渡し直前になって、AさんがBさんにクレームを付けた。

気に入らなかったのは、細かな点だ。例えば、住宅の正面に設置されていたメーター類。外壁を塗り替えてせっかく新しくなったのに、既存のメーターが丸見えのまま。目障りで許せない。「その美的感覚はプロの建築家としてどうなのか。個人の資産を預かって設計する以上、仕上がりについてきちんと説明する責任があるはずだ」。日ごろ企業倫理などの問題を取り扱っているだけに、Aさんの怒りは収まらない。

またAさんは、浴室とトイレはガラスの間仕切りで一体感のある小奇麗な空間を希望していた。ところが、便器は間仕切り側にタンクをくっつけるように置かれており、「浴室からの眺めがみっともない」（Aさん）。もっとも、これについてはBさんにも言い分はある。「当初案に対してAさんが『便器とペーパーホルダーの位置が離れていて手が届きにくい』と懸念するので場所を変更した」。Bさんにしてみれば、言われたとおりに使い勝手を改善したつもりだ。

隠れた期待にどう応えるか

結局、「メーターにカバーを付けるなどの数カ所のやり直しをBさんの負担で実施する」という条件で、トラブルは収まった。

仲裁に入ったマッチングサービス会社の担当者は、次のように分析する。「プロに対するAさんの期待感がとても高かったことが、トラブルに発展し

お任せ
ください！
リフォーム！
HOME
リフォーム

た一つの要因だ」。前述した問題箇所について、AさんはBさんに具体的な要望を伝えていなかった。それでも、これぐらいは対応してくれるだろうというイメージと実際の出来栄えの間の差が大きければ、「設計料に見合った仕事なのか」といったクレームに発展する可能性がある。

Aさんは「何で相談がなかったのか」とも話している。設計者としては、取るに足らないと思えることでも確認を取っておきたい。また、初期段階で詳しく要望を聞き出すことに加えて、言外にほのめかされた期待感を読み取って提案する力も重要になってきていると言えそうだ。

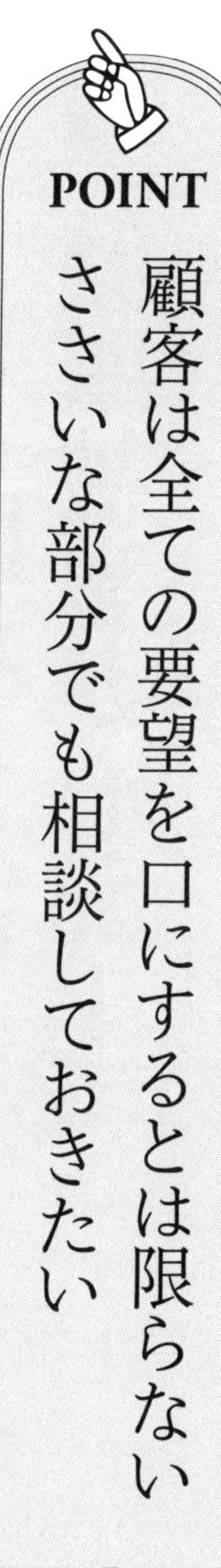

FRP防水が臭い、健康被害が心配！

Ａ工務店は自然素材を多用することで人気を集めていた。化学物質などに敏感な体質のＢさんは、Ａ工務店の方針に興味を持ち、勉強会や見学会に何度か参加。Ａ社長や実際にＡ工務店で家を建てたＯＢ顧客たちの話を聞いているうちに、Ａ工務店のファンになり、家づくりを依頼すると決めた。

打ち合わせをしていたある日のことだ。「予算が合えば全て自然素材で仕上げられる」とのＡ社長の説明に対して、「浴室も自然素材でつくれるか」とＢさんが尋ねた。Ｂさんはユニットバスの表面の質感が嫌いだったため、仕様に悩んでいるところだったのだ。

「浴室を在来工法にすれば板張りなどにできる。自然素材で仕上げるから、体に悪い材料は使わない」と、胸を張って答えたＡ社長。Ｂさんはその提案を採用して、浴室を板張りにすることにした。

自然素材は仕上げだけ

Bさんは A 工務店と契約を済ませ、工事が始まった。だが、浴室の防水工事に着手した頃に事件は起こった。現場を見に行った B さんが、強い刺激臭に腰を抜かしたのだ。「ひどい臭いだ。体に害はないのか」と B さん。だが、現場監督は「FRP 防水の溶剤の臭いはこんなものだ」と説明するばかり。B さんは納得できず、「A 社長の話と違う」と怒り始めた。

困った監督は A 社長に連絡。A 社長が到着するや否や、B さんは「全て自然素材でつくるはずだ」と詰め寄った。

これが
火種！
そういえば、あの時…
ウチは自然素材で
仕上げてます
体に悪い材料は
使いませんよ
化学物質に
敏感なので
それは理想的ね！

A社長は誤解を与えたことをわびて次のように説明した。「全て自然素材を使うと言ったのは仕上げ材に限った話。建物の性能を確保するためには、化学合成された材料が必要だ。特に防水機能の求められる部分では化学合成された材料の代わりがない」

さらに安全性についても説明を加えた。「いったん硬化すればFRP防水の溶剤は揮発しない。防水層の上に板を張るので直接触れることもない」とA社長。だが、Bさんは、「臭いがすごいので、使ってみないと不安が拭えない」と主張。結局、引き渡し後に臭いが気になる場合は無償で対応する条件で、現状のまま工事を進めることを認めてもらった。

化学物質に敏感で原材料にこだわるような建て主に対しては、仕上げや造作だけでなく、下地剤や接着剤などの機能材についても説明し、納得してもらったうえで工事を進めるようにしたい。

POINT

自然素材にこだわる建て主の場合
仕上げに加え、下地や機能材にも配慮

「良い情報」「悪い情報」いずれも8割が重視

「口コミ情報」について日経ホームビルダーが一般の建て主向けに実施したアンケート調査の結果を紹介する（「調査概要」は148ページを参照）。

建て主は口コミ情報から依頼先の「良い評判や情報」と「悪い評判や情報」、どちらを求めているのか――。調査結果からは、いずれも8割近くの人が調べていることが分かる。依頼先の事業規模別（工務店かハウスメーカーか）でもその傾向に大きな差は見られない〔図6〕。

「悪い情報」の生かし方

「良い評判や情報」「悪い評判や情報」それぞれの影響度合いを尋ねたところ、「良い」方は約6割の人が選択に影響したと回答。その一方で「悪い」方は約5割の人が影響したと答えている〔図7〕。

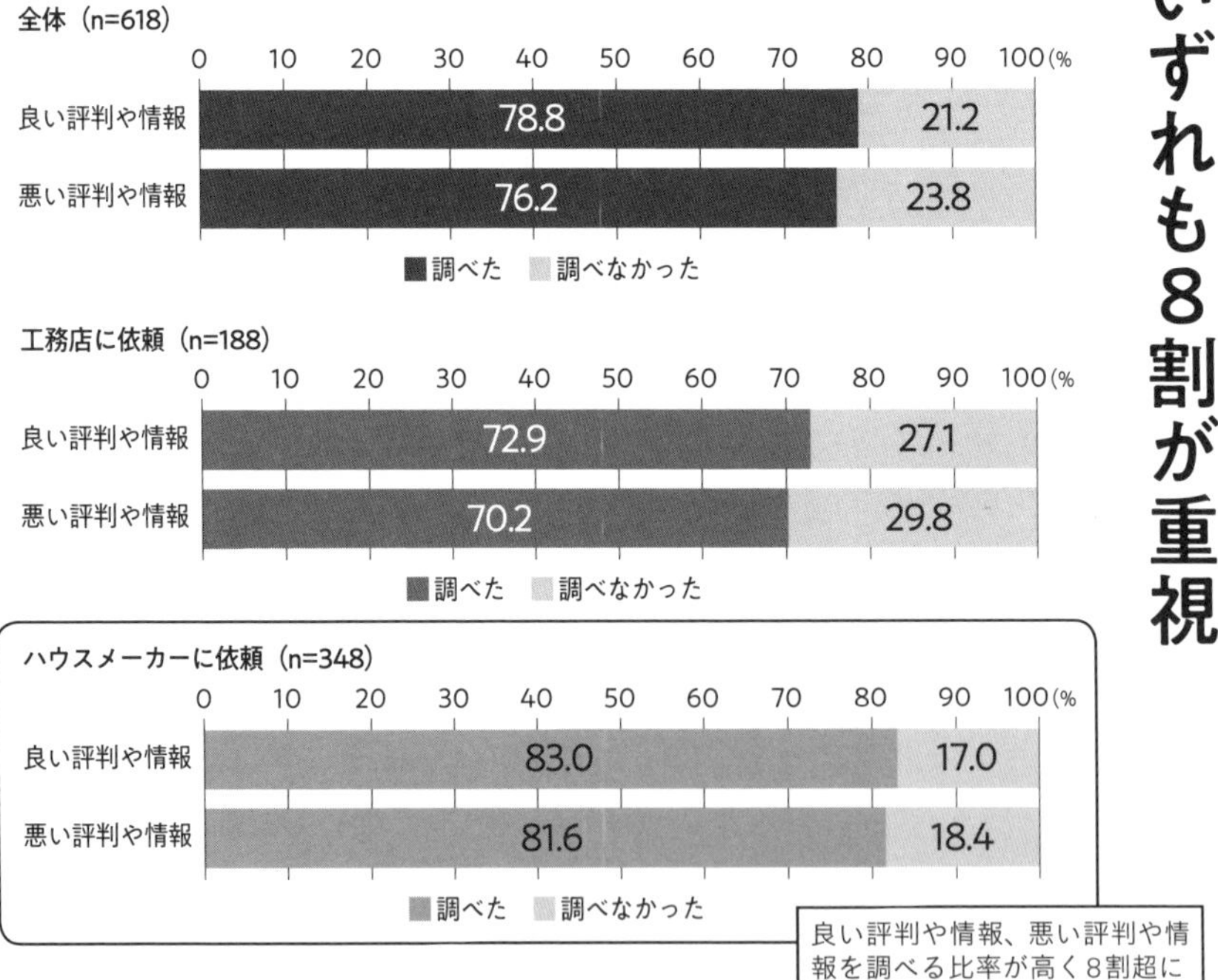

〔図6〕「良い評判や情報」「悪い評判や情報」について、建て主が調べるか否かを尋ねたところ、8割近くの人は両情報とも調べることが分かった。特にハウスメーカーに依頼した建て主は調べる比率が高く、8割を上回った

調査では「良い評判や情報」「悪い評判や情報」いずれにも自由記述欄を設けた。具体的な記述内容は省略するが、これらのなかで目立ったキーワードを抽出すると、「良い評判や情報」に関しては「安心したい」「得意分野を知る」「見極める」といった建て主の情報ニーズが見て取れる。他方、「悪い評判や情報」では「未然に防ぐ」「目を光らせる」「悪いところも理解」といった語句が目に付いた。

これらの回答から、建て主のスタンスとして次のような傾向が考えられるだろう。まず「良い評判や情報」は、依頼先の良い部分を見つけることで依頼するか否かの判断に役立てるという傾向。その一方で、「悪い評判や情報」は必ずしも依頼先（候補を含めて）をふるいにかけるためではなく、トラブルをあらかじめ回避するために利用するという傾向だ。

Q「良い評判や情報」「悪い評判や情報」が家づくりの際にどの程度影響したか

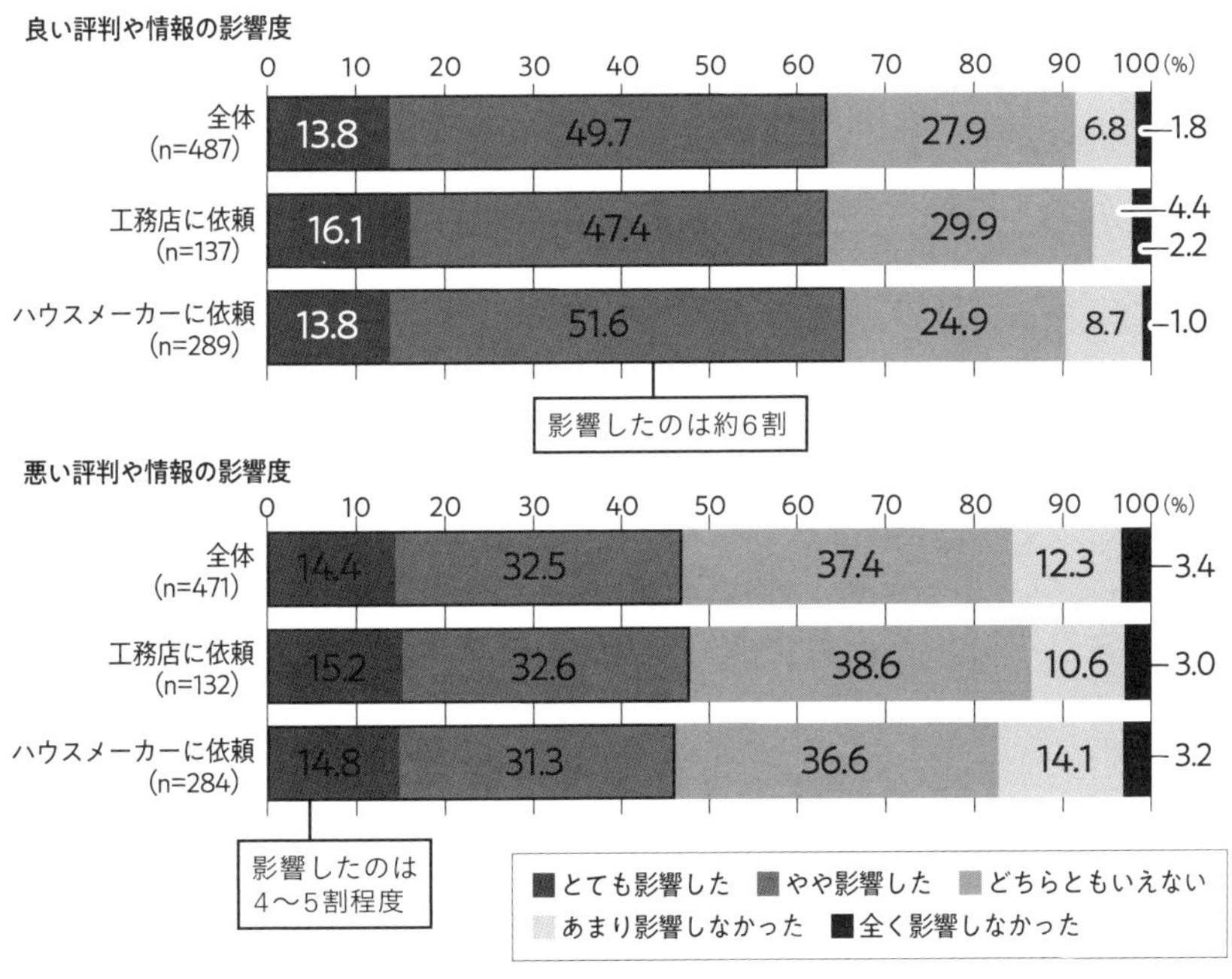

〔図7〕家づくりの際に「良い評判や情報」「悪い評判や情報」がどの程度影響するのかを調べたところ、約6割の回答者が良い評判や情報が影響していると答えた

Claim File

Part 10

「住まい方」から生まれたトラブル

「断熱改修後に暖房器具などの使い方が不適切で、大量結露が発生」など、建て主の「住まい方」に起因してトラブルが生じることもある。プロ側にとっては、住まい方に関するきめ細かな顧客説明はリスク回避策でもある。

断熱改修したのに結露が収まらないぞ

リフォーム会社のA社は、築30年を超えるBさん宅の大規模リフォームを約500万円で請け負った。単板だった窓ガラスは複層に替えた。工事の後、「これで空調の効率が良くなる」と満足そうなBさんに、A社の営業担当社員は、「冬場の結露がなくなる効果もあります」と説明した。

リフォームした時期は暑さが残る9月頃だった。翌年1月のある日、BさんからA社の担当社員に電話がかかってきた。「結露がなくならないぞ。どういう訳なんだ」

冬の室温が32℃

A社の社員は首をかしげながらBさん宅を再訪して驚いた。結露した窓のある部屋は暖房で室温が32℃に達し、加湿器もフル稼働していた。

寒がりのBさんにとってはこれが冬季の通常のライフスタイルだったが、リフォームの打ち合わせや工事のときは、まだ暑い時期だったため話題にならなかった。

窓と結露に関するある大手メーカーの試算によると、例えば屋外の気温が2℃で室温32℃の場合、断熱性に配慮していない単板ガラスの表面温度（室内側、以下同じ）は中央部で11℃になる。この条件で室内の湿度が23％に達するとガラスの下端で結露が生じる。28％以上になると中央部も結露する。単板の内窓を加えると中央部の表面温度が24・3℃に上がり、結露が起こりにくくなる。それでも湿度が54％になると下端で、64％以上に達すると中央部でも結露が発生するという。

32.1℃
私は寒がり
なんだよ

A社の社員はBさんに結露の仕組みを説明し、断熱性能を向上させても室内があまりに高温多湿になれば結露を防ぎ切れないことを伝えた。Bさんは納得して、「仕方のないこと」と受け止めた様子だったという。

A社の役員は、「内窓を設置すれば結露を抑えられる可能性があったが、このケース当時はまだあまり普及していなかったために価格が高く、取り付けを提案するのはためらわれた。Bさんが結露の原因を理解してくれてほっとした」と振り返る。

A社はこれ以降、断熱リフォームの顧客には必ず着工前に冷暖房の設定温度や加湿器の有無などを聞いて、それらがリフォームの効果に与える影響を説明するようにしている。同社の役員は、「工事だけで結露を確実に解消できるようなことを言って、顧客に過度の期待を抱かせてはいけない」と自戒する。

POINT

断熱改修の効果には住まい方が影響 ハードの性能の限界を事前に伝える

テレビ視聴料が高すぎ、何とかしてくれ

Aさんは年間10棟程度の住宅を手掛ける工務店の社長。自然素材をすっきり納める設計が得意で、所得の高い中高年層の支持を得ていた。最近契約したBさんがほかの建て主と違ったのは、Bさん世帯に加えて80代の母親と叔父の3世帯で暮らす計画だったことだ。

世帯数が多いため、Aさんはじっくりとプランをまとめ、首尾よく着工。そして予定通り竣工した。引き渡し時に建物を見たBさんは素材感を生かした外観と内装に感激。Aさんへの感謝の言葉を重ねた。

引き渡しから2日後、BさんからAさんに電話がかかってきた。Bさんは怒りを抑えた口調でこう言った。「テレビの視聴料が高すぎる。何とかしてほしい」

世帯別の契約で割高に

これまで受けたことのないクレームだったので、Aさんは直ちにBさん宅へ向かって話を聞いた。

Bさんの話では、引き渡しの翌日にケーブルテレビ会社の営業マンと打ち合わせした際、視聴料が月に約1万5000円にもなると知って驚いたのだという。その会社は世帯別に契約する方式で、Bさんの家の場合、3世帯分の契約が必要。そのため前述した金額となる。「ケーブルテレビにこんな金額が掛かるとは聞いていない」とBさんは不満顔だ。

視聴料がAさんへのクレームとなるのには理由がある。ケーブルテレビを勧めたのはAさんだったからだ。

Aさんの手掛ける住宅では通常、外

テレビアンテナが
ないほうが
見た目もすっきり
しますよ
じゃあ、
ケーブルテレビで
いいか

観を整えるためにテレビアンテナを付けずに、ケーブルテレビへの加入を勧めている。Bさんの家も同様のやり方で承認を取っていた。

これまでの建て主は単世帯がほとんどで、ケーブルテレビに関するクレームを受けたことはなかった。それもあって、Aさんにはケーブルテレビの契約に関する知識が不足しており、多世帯住宅にもかかわらず、ケーブルテレビを勧めてしまった。

Aさんは素直にわびて、アンテナをすぐさま設置。Bさんの不満は解消された。ただし、アンテナの設置場所を設計に織り込んでいなかったため、外観のバランスが崩れ、室内に露出配線の部分が出るなど、デザインが気に入っていたBさんをがっかりさせる結果となった。

多世帯住宅の案件では、テレビや電話などの情報インフラの料金にも注意が必要だ。

POINT

多世帯住宅ではテレビや電話などのランニングコストにも注意を払う

ついでの断熱改修をしたら部屋が暑くて不快だ

Aさんは実直な仕事が口コミで評価され、安定した受注を誇る工務店。最近は時流に合わせてリフォームの仕事も積極的に受けている。

Bさんはそんなリフォーム希望の客だった。AさんのOB顧客である知人から紹介されてAさんを訪ねてきた。Bさんは50代の半ばで夫婦共働き。子供も巣立ち、仕事も落ち着いてきたので、夫婦2人でゆっくりと暮らすのに適した住まいに変えたいという希望を持っていた。

打ち合わせの結果、1階のLDKをつなげて広い間取りに変え、水まわりを交換。2階の空き部屋を書斎としてしつらえ直すことになった。

Aさんは、「床や壁の解体範囲を広げて断熱改修も一緒にどうか」と勧めた。予算の関係で断熱材は付加できなかったが、最終的に1階のLDKなど主要な部屋に内窓を入れる改修もすることになった。

リフォームは無事終わり、出来栄えに喜んでくれたBさん。だが、数カ月ほど過ぎて季節が

部屋が暑くて
たまらないよ!

夏へと変わると、Bさんから突然電話が入った。「家が暑くてたまらない」というクレームだった。

翌日の夕方、AさんはBさんの帰宅に合わせて現地調査に赴いた。家のなかに入ると確かにむっとする暑さだ。Bさんの話では、帰宅時間帯の室温がリフォーム前よりも明らかに高く、冷房を入れてもなかなか涼しくならなくて不快なのだという。

外付けブラインドで解決

Aさんは改めて建物を確認。どうやら夏場の日射遮蔽が不十分だったことが原因のようだった。南面にある大き

な掃き出し窓の軒の出が浅く、日射遮蔽としては不十分。西面の2カ所の小窓も庇が小さく、西日はほとんど遮られることなく室内に差し込む。このような状態なのに、内窓で窓の断熱性能を上げたので、日射しによる熱がこもり、温室効果が生じてしまったようだ。

Aさんは改善策として、簡易な外部取り付け用のロールブラインドを提案。ほぼ材料費のみで取り付ける約束をしてBさんも納得した。その後、かなり快適になったとBさんから連絡があり、Aさんもほっと胸をなで下ろした。

温暖地域で内窓を取り付けるときは、日射の取得状況を確認し、状況によっては日射遮蔽とセットで提案することを忘れないようにしたい。

POINT

窓の断熱は夏のことも考慮して日射遮蔽の必要があるかを確認する

リフォームしたのに換気量不足で部屋が臭い

Aさんは元大工で、小さな工務店を経営している。客はほとんど口コミで、地域に根ざした活動をしてきた。そんなAさんのところに、近所のBさんから相談があった。アパート暮らしの母親を呼び寄せ、1階の一部を改修して二世帯住宅に変えたいという内容だった。

Bさんの母親は高齢で、コミュニケーションが取りづらかったため、子世帯であるBさんを中心に要望を聞き取りして、プランをまとめていった。最終的に母親のスペースは、水まわり以外の全空間がつながったワンルームマンションのようなプランとしてまとまった。

Bさんからお金を節約したいという要望があったので、仕上げや設備は廉価な製品を何度も検討して選択。予算を抑えるように工夫した。

プラン打ち合わせに費やした時間は1カ月間。さらに1カ月半かけて工事が終了。無事、Bさんに引き渡すことができた。Aさんは母親と話す機会が少なかったので多少不安だったが、Bさんともども喜んでくれたのでほっと胸をなで下ろした。

前のアパートより
臭いが消えにくい
そうです
そんなこと
ないはず
なのになあ…

それから数カ月後、Bさんから Aさんに電話がかかってきた。レンジフードの排気量が少ないのだという。

使い方の把握が大事

Aさんは直ちにBさんを訪ね、レンジフードを確認。ファンを回すと十分な排気量がある。それでも「これでは足りない」と母親は主張する。

母親の話を詳しく聞くと、近所の目が気になるので、アパート暮らしのときから窓は開けず、常に換気扇を回して生活していたという。この家でもそうしたところ、調理の臭いなどが残りやすいと母親はいう。

その話を聞き、Ａさんはしまったと思った。レンジフードのファンを当初はダクト径１５０㎜の製品で検討していたが、小さなキッチンでコスト優先という要望から安価な１００㎜径にした経緯があったからだ。母親から換気扇の使い方を聞き取りしていれば避けた選択だった。

幸い工事費が予算よりも少し安く収まっていたので、Ｂさんが追加工事の費用を認めてくれた。そこで安価な壁掛け型熱回収換気扇を設置。それを常時使う前提で取り付けた。

追加工事から数カ月後、母親は換気に満足していると報告があった。住まい手への聞き取りの大切さを、Ａさんは改めて感じたという。

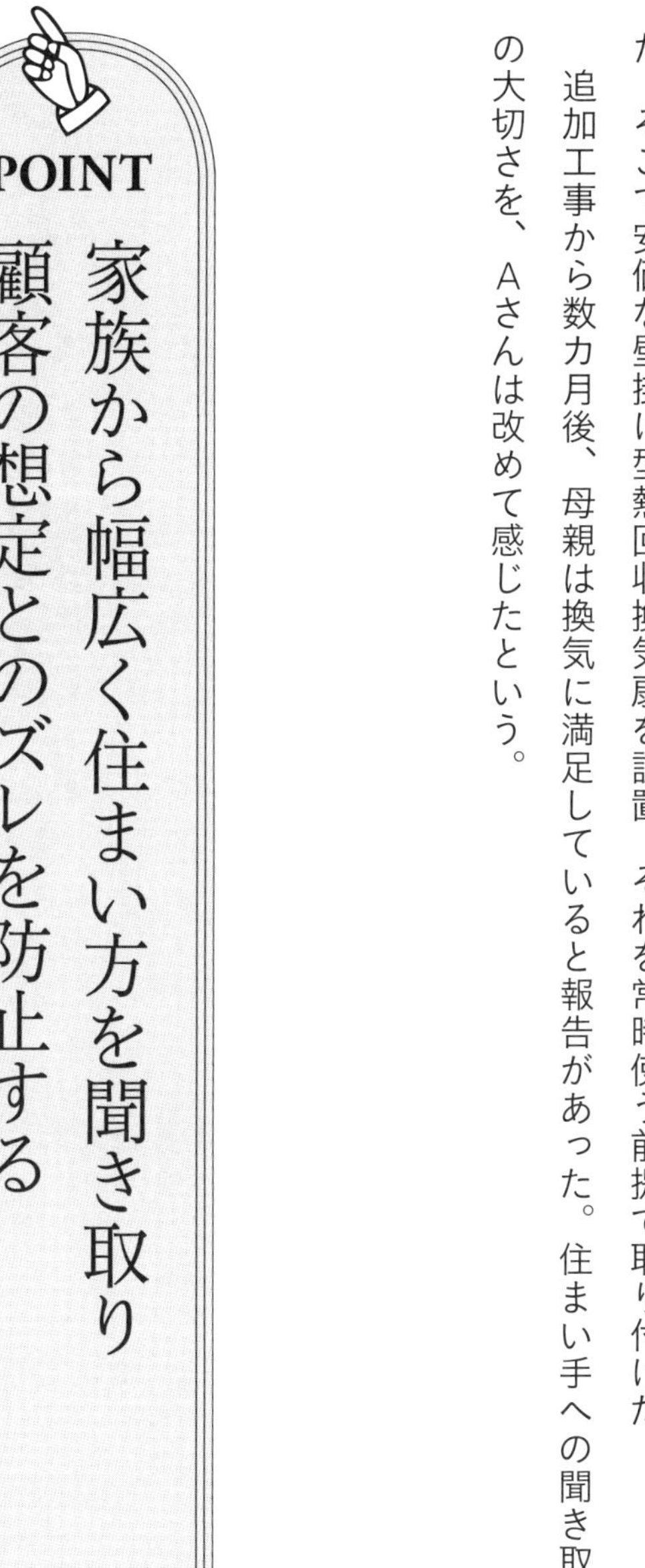

POINT

家族から幅広く住まい方を聞き取り顧客の想定とのズレを防止する

無垢のひび割れ、すぐは異常だ！

自然素材を生かしたナチュラルな空間を得意とするA工務店。時代に合わせて、高断熱高気密住宅にも取り組んでいる。「自然素材＋省エネルギー」という提案は受けもよく、受注は好調。A社長はこの方向性に自信を深めていた。

Bさんはそうした A工務店の家づくりに引かれた顧客の1人だ。同社がこれまでに建てた住宅を見学。部屋が寒いといったストレスを感じないことに加え、光熱費が抑えられることや、無垢フローリングや幅はぎ材によるダイニングテーブルが気に入ったことがきっかけとなり、契約するに至った。

考慮しなかった過乾燥

施行中は天気にも恵まれ、工程も予定通り進行。A工務店に特注したウオールナットの幅はぎ材によるダイニングテーブルも完成し、無事に夏前に引き渡された。

だが、夏が過ぎ冬に差し掛かったある日、BさんからA社長宛てにクレームの電話がかかってきた。特注のウオールナットのテーブルで天板にひび割れが生じたという。

A社長が現地に赴くと、Bさんはかなり怒っていた。そして、「打ち合わせの際に、幅はぎ材は剥がれたり割れたりしないから大丈夫と言ったじゃないか」とA社長を責め立てた。説明に反して、すぐに割れが生じたので腹を立てていたようだ。A社長は陳謝しつつ、天板を確認。接着層ではなく、材の一部にひび割れが生じていた。A社長の経験では、これまでこうした割れ

これが
火種！
そういえば、あの時…
まるで
一枚板ですね。
でも割れたり
しないんですか?
これまで
割れたことは
ないですね

が起こったことはない。

A社長は幅はぎ材を特注した製材会社に相談したところ、「室内の過乾燥が原因ではないか」と指摘を受けた。製材会社の担当者によると、高気密高断熱を手掛ける別の工務店では、幅はぎ材の製作を依頼する場合、含水率が10％以下の材料を指定しているという。

Bさんの家の湿度を計測したところ、無垢のテーブルを置いた部屋の湿度は約40％。これまでA工務店が手掛けた住宅よりも低い数値だった。高気密高断熱のうえに、水蒸気を発生しないエアコンの暖房使用が過乾燥の状況を招いたようだ。A社長は含水率10％以下の材でテーブルをつくり直して再納品。その後は割れは起こらなかった。

住宅の仕様を変えて高断熱化する場合、造作材などの含水率に注意が必要だ。暮らし方によっては、材が割れたり暴れたりすることがある。

POINT

高断熱高気密の仕様で使う無垢材は過乾燥を考慮し含水率に注意

■記事初出一覧

本書のPart1～10本文は、日経ホームビルダー連載「クレームに学ぶ!」の既出記事で一部は修正・加筆。以下は初出時の掲載号と筆者名。掲載号の表記は、「2019年1月号」の場合は「19.1」と示した。

Part 1

長期優良の申請遅れ、誓約書でミスを認めろ ――(12.12／荒川尚美)

不動産会社が施工まで関与すると思ったのに ――(13.4／三上美絵)

建材・設備の発注後に一方的に契約解除? ――(14.4／三上美絵)

耐震証明のない築古住宅、ローン控除ダメなんて ――(14.6／三上美絵)

準防火指定で増築が予算オーバー ――(14.9／三上美絵)

Part 2

設計図書が少なすぎる ――(15.11／三上美絵)

窓を間違えて発注? 設計変更はあり得ない! ――(16.11／大菅力)

この間取りじゃ不幸になる! ――(17.6／大菅力)

第三者の検査会社が指摘しているんだ! ――(17.11／大菅力)

パースと違う! これでは詐欺だ ――(18.12／大菅力)

Part 3

ローコストへの挑戦でつくり忘れたもの ――(12.3／安藤剛)

こんな天気なのに基礎を養生しないのか ――(12.11／安藤剛)

養生していたのに新築で床に傷 ――(14.8／三上美絵)

土台の穴、欠陥工事では? ――(14.11／三上美絵)

床の傾き、建て替えろ! ――(15.4／三上美絵)

Part 4

落雪で車などが破損、「天災ではない」 ――(12.5／安藤剛)

漏水でぬれぎぬ着せられ基礎まで直す羽目に ――(12.9／安藤剛)

ネットで安く買うのがどうしてダメなの? ――(12.10／安藤剛)

事前の説明とは大違い、寒くて暮らせない ――(13.3／三上美絵)

フローリングにカビ、設備の説明聞いてない ――(13.9／三上美絵)

重い家具を置くと沈む 悩ましいふわふわの床 ――(14.3／三上美絵)

Part 5

設計変更の事後報告? ふざけないでよ ――(12.7／安藤剛)

顧客の金払いはタイミング次第 ――(12.8／安藤剛)

設計変更の追加分が不当に高いのでは ――(13.7／渡辺圭彦)

大工の手間は無料じゃないの? ――(17.9／大菅力)

Part 6

建て主が塗った床、「表面がカチカチだ」 ――(15.10／大菅力)

オーブンとコンロが設計どおりに収まらない ――(16.6／大菅力)

勝手に金物を変えるな! やり直せ! ――(17.5／大菅力)

指導どおりのDIYだ、カビの責任を取れ! ――(18.3／大菅力)

施工ミスでさびた、弁償して! ――(19.1／大菅力)

Part 7

ローコストでも暗いダイニングは嫌よ ――(12.6／安藤剛)

相談したはずなのに「知らない人」の扱い ――(13.2／三上美絵)

LEDに交換できない、住宅会社に任せた照明 ――(13.10／三上美絵)

滑って転ぶなんてどこが高齢者対応なの ――(13.12／三上美絵)

新人の甘さに付け込み悪意のクレーム ――(15.5／三上美絵)

Part 8

イメージと違う、規格住宅でもやり直せ ――(13.1／荒川尚美)

イメージより狭い車庫、乗り降りが窮屈で困る ――(13.5／三上美絵)

狭すぎるポーチ、無償で直して ――(14.10／三上美絵)

これが近い色? 違いすぎる ――(15.1／三上美絵)

写真を見せて色指定したよね? ――(17.12／大菅力)

Part 9

私には臭うのだから早く何とかして ――(13.6／渡辺圭彦)

防音仕様にしたのにおちおちと眠れない ――(13.8／渡辺圭彦)

隣室からの音が大きい、建材の遮音性能の誤解 ――(13.11／三上美絵)

配慮のないデザイン、プロとしてどうなの? ――(14.1／三上美絵)

FRP防水が臭い、健康被害が心配! ――(18.10／大菅力)

Part 10

断熱改修したのに結露が収まらないぞ ――(12.4／安藤剛)

テレビ視聴料が高すぎ、何とかしてくれ ――(16.3／大菅力)

ついでの断熱改修をしたら部屋が暑くて不快だ ――(16.7／大菅力)

リフォームしたのに換気量不足で部屋が部屋が臭い ――(16.8／大菅力)

無垢のひび割れ、すぐは異常だ! ――(17.8／大菅力)

※上記のほか、各Part間のData Column「プロに聞いた『リフォームトラブルの実相』」は日経ホームビルダー2020年2月号特集「リフォームの不機嫌な顧客たち」、また「『口コミ』に見る顧客の評価視点」は同じく19年5月号特集「建て主600人に聞いた住宅会社の"噂"の裏側」それぞれに掲載した独自調査データを基に作成

建て主たちのクレーム事典

2020年9月23日　初版 第1刷発行

編集＝日経ホームビルダー
発行者＝吉田琢也
発行＝日経BP
発売＝日経BPマーケティング
〒105-8308 東京都港区虎ノ門4-3-12

装丁・デザイン＝浅田潤（asada design room）
イラスト＝柏原昇店
印刷・製本＝図書印刷株式会社

ISBN978-4-296-10730-8